WORTSCHATZ ERWEITERN XXL

Wie Sie ihre Eloquenz verbessern, die Rhetoriktricks der Spitzenredner erlernen & sich in jeder Situation besser verkaufen können

KONRAD SCHWARZ

ISBN: 978-3-98935-574-3
Lucid Page Media (ein Imprint der Orbita Media GmbH)
Ericusspitze 4
20457 Hamburg
Deutschland
kontakt@lucidpagemedia.de

INHALTSVERZEICHNIS

Einleitung

In der Welt der Kommunikation spielen Eloquenz und ein reichhaltiges Vokabular eine zentrale Rolle. Sie sind das Fundament, auf dem die Brücke zwischen Gedanken und Worten gebaut wird. Diese Fähigkeiten ermöglichen es uns, nicht nur zu sprechen, sondern gehört, verstanden und erinnert zu werden.

Eloquenz ist die Kunst, Gedanken, Gefühle und Ideen auf eine Weise auszudrücken, die klar, überzeugend und anmutig ist. Sie ist das Merkmal großer Redner und Schriftsteller, die durch ihre Worte bewegen und beeinflussen können.

Ein eloquenter Sprecher verwendet die Sprache präzise und effektiv, um komplexe Ideen verständlich und ansprechend zu vermitteln. Aber Eloquenz ist nicht nur ein Talent der Beredsamkeit, sondern auch ein Werkzeug der Verständigung und des Ausdrucks.

Ein umfangreiches Vokabular hingegen erweitert die Grenzen unserer Ausdrucksfähigkeit. Jedes neue Wort, das wir lernen, ist wie ein zusätzlicher Pinselstrich in unserem sprachlichen Gemälde. Es ermöglicht uns, Nuancen und Schattierungen in unseren Beschreibungen zu schaffen, die ohne sie verloren gehen würden. Mit einem reichen Wortschatz können wir präziser, bildhafter und überzeugender kommunizieren. Diese Fähigkeiten sind in jeder Lebenslage von Bedeutung. Im beruflichen Kontext kann ein gutes Vokabular und eloquente Ausdrucksweise Karrierechancen eröffnen und zu besseren beruflichen Beziehungen führen. In persönlichen Beziehungen hilft es, Gedanken und Gefühle angemessen zu vermitteln und Missverständnisse zu vermeiden. Auch im Bereich der öffentlichen Rede sind diese Fähigkeiten unerlässlich, um Botschaften wirkungsvoll zu übermitteln und das Publikum zu fesseln.

In diesem Buch nehmen wir Sie mit auf eine Reise, auf der Sie Ihre sprachlichen Fähigkeiten erweitern und verfeinern können. Durch gezielte Übungen, praktische Beispiele und tiefgehende Einblicke in die Mechanismen der Sprache werden Sie lernen, wie Sie Ihr Vokabular bereichern und Ihre Eloquenz steigern können. Dies wird Ihnen nicht nur helfen, sich besser auszudrücken, sondern auch Ihr Selbstbewusstsein und Ihre Präsenz in jeder gesprochenen oder geschriebenen Kommunikation stärken.

Selbstbewusstsein durch Sprache

Die Kunst der Sprache liegt nicht nur in ihrer Funktion als Kommunikationsmittel, sondern auch in ihrer Fähigkeit, unser Selbstvertrauen zu formen und zu festigen. Eine verbesserte Ausdrucksweise vermag es, sowohl unsere Selbstwahrnehmung als auch die Wahrnehmung anderer positiv zu beeinflussen.

Zunächst ist es die Klarheit und Präzision der Sprache, die unser Selbstvertrauen beeinflusst. Wenn wir in der Lage sind, unsere Gedanken und Gefühle genau zu artikulieren, verringert sich die Wahrscheinlichkeit von Missverständnissen. Dieses Gefühl, verstanden zu werden, stärkt unser Vertrauen in die eigenen kommunikativen Fähigkeiten.

Eine klare Ausdrucksweise spiegelt sich nicht nur in der Sprache wider, sondern auch in der Klarheit unseres Denkens, was wiederum unser Selbstverständnis schärft. Darüber hinaus spielt die positive Wahrnehmung durch andere eine entscheidende Rolle.

Menschen, die sich eloquent ausdrücken können, werden oft als kompetenter und glaubwürdiger angesehen. Diese Anerkennung von außen wirkt sich unmittelbar auf unser Selbstbewusstsein aus. Wenn wir spüren, dass unsere Worte Gewicht haben und Respekt erzeugen, wächst unser Vertrauen in unsere eigene Stimme.

Ein weiterer Aspekt ist der Ausdruck von Individualität. Ein vielfältiger Wortschatz ermöglicht es uns, unsere Persönlichkeit und unseren individuellen Stil zu unterstreichen. Indem wir Worte wählen, die unsere Einzigartigkeit reflektieren, fördern wir die Selbstakzeptanz und das Gefühl, als Individuum wahrgenommen und geschätzt zu werden.

Die Fähigkeit, Argumente und Standpunkte überzeugend darzulegen, ist ein wesentlicher Bestandteil des Selbstbewusstseins. Diese Kompetenz ist vor allem in beruflichen oder akademischen Kontexten von großer Bedeutung, wo ein souveräner Ausdruck als Zeichen von Selbstsicherheit und Kompetenz gilt. Durch die kontinuierliche Arbeit an unserer Ausdrucksweise und die Erweiterung unseres Wortschatzes können wir also nicht nur unsere sprachlichen Fähigkeiten verbessern, sondern auch unser Selbstbewusstsein nachhaltig stärken.

Hier einige Vorschläge und Übungen, die dazu beitragen können, dieses Ziel zu erreichen:

1. <u>Tägliches Journaling</u>: Beginnen Sie den Tag mit dem Schreiben eines kurzen Textes. Dies könnte eine Reflexion über Ihre Gedanken und Gefühle, eine Beschreibung Ihrer Pläne für den Tag oder eine kreative Geschichte sein. Versuchen Sie, dabei neue Vokabeln einzusetzen und verschiedene Satzstrukturen zu verwenden. Dies fördert nicht nur Ihre sprachliche Kreativität, sondern hilft Ihnen auch, Ihre Gedanken klarer zu formulieren.

2. <u>Lesen und Nachahmen</u>: Lesen Sie regelmäßig Texte, die einen reichen und vielfältigen Sprachgebrauch aufweisen, wie Romane, Essays oder qualitativ hochwertige Zeitungen. Achten Sie auf die verwendeten Formulierungen und versuchen Sie, einige davon in Ihren eigenen Sprachgebrauch zu integrieren. Dies kann durch Nachschreiben von Passagen oder durch mündliches Wiederholen geschehen.

3. <u>Rollenspiele</u>: Führen Sie mit einem Partner Rollenspiele durch, in denen Sie verschiedene Szenarien nachstellen. Dabei können Sie spezifische Themenbereiche wählen, die Sie interessieren oder in denen Sie sich verbessern möchten. Dies fördert die spontane Anwendung der Sprache und stärkt das Selbstvertrauen im Umgang mit unterschiedlichen Gesprächssituationen.

Diese Aktivitäten erfordern Engagement und regelmäßige Übung, doch die Belohnung – ein gestärktes Selbstvertrauen und eine verbesserte Ausdrucksfähigkeit – ist diese Mühe wert.

Kapitel 1
Kommunikationsgrundlagen

Sprache ist das primäre Medium der menschlichen Kommunikation, das in zwei wesentlichen Formen auftritt: verbal und nonverbal.

Beide Formen sind entscheidend für eine effektive Verständigung und spielen zusammen, um die vollständige Botschaft zu übermitteln.

Verbale Kommunikation: Dies bezieht sich auf die Verwendung von Wörtern, sei es gesprochen oder geschrieben. Sie ermöglicht es uns, komplexe Ideen, Emotionen und Informationen präzise zu übermitteln.

Nonverbale Kommunikation: Sie umfasst eine Vielzahl von Ausdrucksformen, die keine Worte verwenden. Dazu gehören Körpersprache, Gestik, Mimik, Augenkontakt und Tonfall. Nonverbale Signale können Botschaften verstärken, abschwächen oder ihnen sogar eine ganz andere Bedeutung geben.

Die Kombination von verbaler und nonverbaler Kommunikation ermöglicht es uns, in unterschiedlichen Kontexten effektiv zu interagieren. Zum Beispiel kann die Art und Weise, wie jemand etwas sagt (Tonfall, Lautstärke, Geschwindigkeit) in Kombination mit Körpersprache (Gesten, Haltung) die Bedeutung einer Aussage verstärken oder verändern.

In bestimmten Situationen kann nonverbale Kommunikation sogar aussagekräftiger sein als verbale. Ein Kopfnicken beispielsweise kann Zustimmung bedeuten, während ein Stirnrunzeln Verwirrung oder Ablehnung signalisieren kann.

Übungen und Anwendungsbeispiele

Verstehen und Anwenden von verbaler Kommunikation

1. Wortschatz-Erweiterung: Finden Sie Synonyme für alltägliche deutsche Wörter wie 'gehen', 'schnell', 'glücklich'. Erstellen Sie Sätze, in denen Sie diese Synonyme verwenden.

2. Grammatik in der Praxis: Wählen Sie eine grammatische Struktur (z.B. Konjunktiv, Perfekt, Relativsätze) und schreiben Sie fünf Sätze, die diese Struktur nutzen.

3. Sprachstil-Analyse: Vergleichen Sie einen formalen mit einem informellen Text (z.B. einen offiziellen Brief vs. eine SMS). Identifizieren Sie die Unterschiede in Wortschatz, Ton und Struktur.

Erkennen und Interpretieren von nonverbaler Kommunikation

1. Gestik-Beobachtung: Sehen Sie sich ein Video eines Redners an. Achten Sie auf Gestik und Körpersprache. Wie unterstützen diese Elemente die verbale Botschaft?

2. Mimik-Interpretation: Schauen Sie sich Fotos von Personen mit unterschiedlichen Gesichtsausdrücken an. Versuchen Sie, die Emotionen und mögliche Bedeutungen dieser Ausdrücke zu interpretieren.

3. Tonfall-Analyse: Hören Sie einen Dialog in einer Fernsehserie. Achten Sie auf Veränderungen im Tonfall und wie diese die Bedeutung der Wörter beeinflussen.

Nonverbale Signale entschlüsseln

Das Verständnis nonverbaler Signale ist ein wesentlicher Bestandteil der effektiven Kommunikation. Das Erlernen, diese Signale zu entschlüsseln, ist nicht nur für das Sprachverständnis wichtig, sondern auch, um zwischen den Zeilen lesen zu können und die gesamte Bandbreite der Kommunikation zu erfassen.

Körpersprache: Die Körperhaltung und Bewegung können viel über die Einstellung und Emotionen einer Person aussagen. Eine offene Körperhaltung kann Interesse und Akzeptanz signalisieren, während verschränkte Arme oft als Zeichen von Abwehr oder Unsicherheit gedeutet werden.

Mimik: Das Gesicht ist eines der expressivsten Kommunikationsmittel. Ein Lächeln kann Freundlichkeit und Offenheit ausdrücken, während hochgezogene Augenbrauen Überraschung oder Skepsis signalisieren können.

Gestik: Gesten können Worte ergänzen oder ersetzen und sind ein integraler Bestandteil der nonverbalen Kommunikation. Ein Winken kann beispielsweise Begrüßung oder Abschied bedeuten, während das Zeigen mit dem Finger in manchen Kulturen als unhöflich gilt.

Augenkontakt: Die Art, wie wir Blickkontakt halten, ist ein wichtiges Kommunikationselement. Gilt direkter Augenkontakt während des Sprechens und Zuhörens als Zeichen von Aufmerksamkeit und Ehrlichkeit. Das Vermeiden von Blickkontakt kann hingegen als Desinteresse oder Unsicherheit wahrgenommen werden.

Tonfall und Stimmklang: Nicht nur was gesagt wird, sondern auch wie es gesagt wird, spielt eine wichtige Rolle. Die Stimmlage, Betonung und Geschwindigkeit der Sprache können Emotionen und Absichten übermitteln, die über die eigentlichen Worte hinausgehen.

Proxemik: Der Umgang mit dem physischen Raum, auch bekannt als Proxemik, ist ein weiterer Aspekt der nonverbalen Kommunikation.

In Deutschland beispielsweise wird persönlicher Raum geschätzt, und zu nahe Distanzen können als Eindringen in die Privatsphäre wahrgenommen werden. Dies unterscheidet sich von Kulturen, in denen engerer physischer Kontakt üblich ist.

Berührungen: Berührungen können verschiedene Bedeutungen haben, abhängig vom Kontext und der Beziehung zwischen den Personen.

Kleidung und Erscheinungsbild: Auch das äußere Erscheinungsbild, einschließlich Kleidung und Accessoires, ist ein wichtiger nonverbaler Kommunikationskanal. Kleidung kann beruflichen Status, persönlichen Stil oder sogar Stimmungen widerspiegeln.

Verfeinerung der eigenen Körpersprache für besseres Verständnis

Das Bewusstsein und die gezielte Anwendung der eigenen Körpersprache sind Schlüsselelemente effektiver Kommunikation.

Durch die Verfeinerung Ihrer Körpersprache können Sie nicht nur Ihre Botschaften klarer vermitteln, sondern auch Missverständnisse vermeiden und empathischer auf Ihre Gesprächspartner reagieren.

Selbstbewusstsein und Präsenz: Eine aufrechte Haltung signalisiert Selbstvertrauen und Aufmerksamkeit. Arbeiten Sie daran, eine natürliche, entspannte Haltung beizubehalten, die Offenheit und Interesse ausstrahlt. Dies hilft dabei, ein positives Bild zu vermitteln und erleichtert die Interaktion.

Bewusste Gestik: Gesten können Ihre verbalen Botschaften unterstützen und verstärken. Vermeiden Sie übertriebene oder fahrige Bewegungen, da diese als aufdringlich oder unruhig interpretiert werden könnten.

Augenkontakt: Ein angemessener Augenkontakt ist entscheidend. Er zeigt, dass Sie aufmerksam und interessiert sind.

Mimik: Ihre Gesichtsausdrücke sollten Ihre Worte widerspiegeln und verstärken. Ein authentisches Lächeln kann beispielsweise Freundlichkeit und Zugänglichkeit signalisieren. Achten Sie darauf, dass Ihre Mimik Ihre verbale Kommunikation passend ergänzt.

Raumbewusstsein: Achten Sie auf den persönlichen Raum Ihrer Gesprächspartner. Wird ein gewisser Abstand als respektvoll angesehen, insbesondere in formellen oder beruflichen Situationen. Respektieren Sie diesen Raum, um Komfort und Respekt in der Interaktion zu gewährleisten.

Anpassung an Kontext und Kultur: Die Bedeutung der Körpersprache kann je nach Kontext und Kultur variieren. Beobachten Sie, wie sich Einheimische in verschiedenen Situationen verhalten, und passen Sie Ihre nonverbalen Signale entsprechend an.

Reflexion und Übung: Reflexion über Ihre Körpersprache und bewusste Übung können helfen, diese zu verbessern. Nehmen Sie sich Zeit, um in verschiedenen Situationen zu beobachten, wie Sie sich verhalten und wie andere darauf reagieren. Üben Sie bewusst Gesten und Haltungen, die positive Interaktionen fördern.

Spiegelung und Anpassung: Eine Technik, um Ihre nonverbale Kommunikation zu verbessern, ist die Spiegelung der Körpersprache Ihres Gesprächspartners. Dies sollte jedoch subtil und respektvoll erfolgen. Durch die Anpassung Ihrer Körpersprache an die des Gegenübers können Sie Empathie und Verständnis zeigen.

Beobachtung und Lernen: Beobachten Sie aktiv, wie sich andere in verschiedenen sozialen und professionellen Situationen verhalten. Achten Sie insbesondere auf die nonverbalen Aspekte der Kommunikation. Dies hilft Ihnen, ein tieferes Verständnis für die kulturell geprägten Aspekte der Körpersprache zu entwickeln.

Bewusstsein für Emotionen: Ihre Körpersprache spiegelt Ihre Emotionen wider. Ein Bewusstsein für Ihre eigenen Gefühle und wie diese sich in Ihrer Körpersprache ausdrücken, ist wichtig. Versuchen Sie, Ihre Emotionen angemessen zu regulieren, um sicherzustellen, dass Ihre nonverbale Kommunikation mit Ihrer verbalen Botschaft übereinstimmt.

Übung und Konsistenz: Üben Sie regelmäßig, um Ihre Körpersprache zu verbessern. Dies kann durch Rollenspiele, vor dem Spiegel oder sogar durch Videoaufnahmen erfolgen. Wiederholte Übung hilft, konsistente und angemessene nonverbale Signale zu entwickeln.

Indem Sie diese Aspekte beachten und in Ihre tägliche Kommunikation integrieren, können Sie nicht nur Ihre Körpersprache verfeinern, sondern auch Ihre allgemeinen Kommunikationsfähigkeiten verbessern.

Kapitel 2
Erweiterung des Vokabulars

Das Beherrschen eines breiten Vokabulars ermöglicht es, Gedanken und Ideen nuancierter und genauer auszudrücken. Es hilft, subtile Unterschiede in Bedeutungen zu verstehen und verleiht der Sprache Tiefe und Farbe. Ein erweitertes Vokabular erlaubt es, präzise zu beschreiben, zu argumentieren und zu überzeugen, was in vielen Lebensbereichen, sei es im Beruf, in der Ausbildung oder im persönlichen Austausch, von unschätzbarem Wert ist. Es gibt vielfältige Methoden, mit denen Sie effektiv und nachhaltig Ihren Wortschatz erweitern können.

Lesen: Eine der besten Methoden, um neues Vokabular zu erlernen, ist das Lesen. Versuchen Sie, regelmäßig und vielfältig zu lesen, um unterschiedliche Stile und Ausdrucksweisen kennenzulernen.

Wortschatztagebuch: Führen Sie ein Tagebuch oder eine Liste, in der Sie neue Wörter zusammen mit ihrer Bedeutung, Synonymen und einem Beispiel für deren Verwendung notieren. Dies hilft, das Gelernte zu verankern und erleichtert die spätere Wiederholung.

Anwendung in der Praxis: Versuchen Sie, neue Wörter aktiv in Ihren Alltag zu integrieren. Die praktische Anwendung verstärkt das Lernen.

Multimediale Hilfsmittel: Nutzen Sie Filme, Serien, Podcasts und Musik. Sie bieten nicht nur ein authentisches Spracherlebnis, sondern zeigen auch, wie Wörter in der Umgangssprache und in verschiedenen Kontexten verwendet werden.

Thematische Wortschatzübungen: Konzentrieren Sie sich auf bestimmte Themengebiete, die für Sie von Interesse oder Relevanz sind. Durch das Erlernen von Vokabular in spezifischen Bereichen können Sie schnell Fortschritte in Bereichen machen, die für Ihre persönlichen oder beruflichen Ziele wichtig sind.

Kreative Schreibübungen: Schreiben Sie regelmäßig kurze Texte, Tagebucheinträge oder Essays. Versuchen Sie dabei, neues Vokabular einzubauen.

Wiederholung und Überprüfung: Regelmäßige Wiederholung des Gelernten ist unerlässlich für das langfristige Behalten. Setzen Sie sich regelmäßig mit Ihrem Wortschatztagebuch auseinander oder wiederholen Sie Übungen, um sicherzustellen, dass das neue Vokabular im Langzeitgedächtnis verankert wird.

Diese Methoden bieten eine abwechslungsreiche und umfassende Herangehensweise, um Ihr Vokabular zu bereichern. Durch die Kombination verschiedener Techniken können Sie den Lernprozess an Ihre persönlichen Vorlieben und Bedürfnisse anpassen und so Ihren Wortschatz effektiv und mit Freude erweitern.

Sprachliche Kreativität: Einsatz von Metaphern und Idiomen

Die sprachliche Kreativität, insbesondere der Einsatz von Metaphern und Idiomen, ist ein wesentlicher Aspekt, der die Sprache lebendig, bildhaft und ausdrucksstark macht. Metaphern und Idiome bereichern nicht nur die Sprache, sondern verleihen auch der Kommunikation Tiefe und Farbe.

Metaphern sind sprachliche Bilder, die durch den Vergleich zweier unterschiedlicher Dinge, oft aufgrund einer gemeinsamen Eigenschaft, entstehen. Sie sind ein mächtiges Werkzeug in der Sprache, da sie abstrakte Ideen konkretisieren und Emotionen intensivieren können. Die deutsche Sprache ist reich an Metaphern, und deren Verständnis und Einsatz kann Ihre Kommunikation wesentlich bereichern. Zum Beispiel bringt die Metapher "Zeit ist Geld" das Konzept des Wertes von Zeit auf den Punkt und macht es greifbar.

Idiome hingegen sind feste Wortverbindungen, deren Bedeutung nicht direkt aus den einzelnen Wörtern abgeleitet werden kann. Sie sind oft kulturell geprägt und bieten Einblicke in die Denkweise und Werte einer Kultur. Im Deutschen gibt es zahlreiche Idiome, wie "Daumen drücken" (für jemanden hoffen) oder "ins Gras beißen" (sterben), die die Sprache farbenfroh und ausdrucksvoll machen.

Um Ihre sprachliche Kreativität zu fördern und Metaphern sowie Idiome effektiv zu nutzen, ist es hilfreich, sich aktiv mit literarischen Texten, Gedichten und alltäglicher Kommunikation auseinanderzusetzen. Das Lesen von Werken, in denen bildhafte Sprache verwendet wird, kann Ihnen helfen, ein Gefühl für die Verwendung und Bedeutung von Metaphern und Idiomen zu entwickeln.

Ein weiterer Ansatz ist das kreative Schreiben. Versuchen Sie, eigene Texte zu verfassen, in denen Sie bewusst Metaphern und Idiome einsetzen. Dies kann eine Herausforderung sein, da es ein tiefes Verständnis der Bedeutungen und Konnotationen erfordert, aber es ist eine ausgezeichnete Übung, um Ihre sprachliche Ausdrucksfähigkeit zu verbessern.

Das Experimentieren mit Metaphern und Idiomen in verschiedenen Kontexten ermöglicht es Ihnen, die Flexibilität und Vielseitigkeit der deutschen Sprache zu erkunden. Metaphern können in alltäglichen Gesprächen, akademischen Schriften oder kreativen Texten verwendet werden, um komplexe Ideen zu veranschaulichen und die Kommunikation ansprechender zu gestalten. Beispielsweise kann die Metapher „ein Meer von Möglichkeiten" in einer Diskussion über

Zukunftsperspektiven eingesetzt werden, um die Weite und Offenheit der verfügbaren Optionen auszudrücken.

Die Herausforderung bei der Nutzung von Metaphern und Idiomen liegt darin, den richtigen Kontext und das richtige Maß zu finden. Übermäßiger Gebrauch oder falsche Anwendung kann zu Verwirrung führen oder künstlich wirken. Daher ist es wichtig, ein Gleichgewicht zu finden und diese Sprachelemente so zu nutzen, dass sie Ihre Kommunikation natürlich und fließend unterstützen.

Kapitel 3
Rhetorik: Die Kunst, zu überzeugen

Die Beherrschung der Rhetorik, der Kunst des Überzeugens, ist eine fundamentale Fähigkeit, die weit über den Bereich der Sprache hinausgeht. Sie spielt eine entscheidende Rolle in der effektiven Kommunikation, sei es in der öffentlichen Rede, in beruflichen Präsentationen oder in alltäglichen Diskussionen.

Rhetorik umfasst verschiedene Elemente, die zusammenwirken, um Argumente überzeugend und wirkungsvoll zu gestalten. Zunächst ist da die Strukturierung der Rede oder Präsentation. Eine klare und logische Struktur hilft dem Publikum, Ihren Gedanken zu folgen und die Kernpunkte Ihrer Argumentation zu verstehen. Dies beinhaltet die Einführung, in der das Thema und die Hauptargumente vorgestellt werden, den Hauptteil, in dem die Argumente ausführlich dargelegt werden, und den Schlussteil, der die wichtigsten Punkte zusammenfasst und einen bleibenden Eindruck hinterlässt.

Die Wahl der Worte ist ebenfalls entscheidend. Die Verwendung präziser und ausdrucksstarker Sprache macht Ihre Argumente nicht nur verständlicher, sondern auch eindrucksvoller. Dies beinhaltet den gezielten Einsatz von Fachvokabular, Metaphern und bildhafter Sprache, um Ihre Botschaft zu unterstreichen und emotional zu verankern.

Ein weiterer wichtiger Aspekt der Rhetorik ist der Einsatz von rhetorischen Mitteln und Figuren. Dazu gehören Techniken wie die Wiederholung, die Steigerung oder rhetorische Fragen, die dazu dienen, die Aufmerksamkeit des Publikums zu erhöhen und die Überzeugungskraft Ihrer Argumente zu stärken.

Die Stimme und Sprechtechnik spielen eine wesentliche Rolle in der Rhetorik. Die Modulation der Stimme, die Betonung wichtiger Punkte und das Tempo der Rede sind entscheidend, um Interesse zu wecken und die Zuhörer zu fesseln. Eine klare und deutliche Aussprache sowie der Einsatz von Pausen können die Wirksamkeit Ihrer Rede erheblich steigern.

Nonverbale Kommunikation ist ebenso wichtig. Körpersprache, Gestik und Mimik sollten Ihre verbale Botschaft unterstützen und verstärken. Eine offene Körperhaltung, angemessener Augenkontakt und selbstbewusste Gesten tragen dazu bei, Glaubwürdigkeit und Überzeugungskraft zu vermitteln. Schließlich ist das Verständnis des Publikums entscheidend für effektive Rhetorik. Die Anpassung Ihrer Rede an die Bedürfnisse, Interessen und das Vorwissen Ihres Publikums kann den Unterschied zwischen einer guten und einer großartigen Rede ausmachen. Dies beinhaltet auch, auf Feedback und Reaktionen während der Rede einzugehen und gegebenenfalls Anpassungen vorzunehmen.

Die Entwicklung rhetorischer Fähigkeiten erfordert neben dem theoretischen Verständnis auch praktische Übung. Es ist wichtig, regelmäßig Gelegenheiten zu suchen, in denen Sie Ihre rhetorischen Fähigkeiten anwenden und verfeinern können. Dies kann in Form von Debatten, öffentlichen Reden, Präsentationen oder auch in alltäglichen Gesprächen erfolgen.

Eine effektive Methode, um Ihre rhetorischen Fähigkeiten zu verbessern, ist das Aufzeichnen und Analysieren Ihrer Reden oder Präsentationen. Durch das Anschauen oder Anhören Ihrer eigenen Auftritte können Sie nicht nur Ihre verbale und nonverbale Kommunikation bewerten, sondern auch Bereiche identifizieren, in denen Sie sich verbessern können.

Das Studium berühmter Reden kann ebenfalls sehr lehrreich sein. Analysieren Sie Reden von bekannten Persönlichkeiten oder erfahrenen Rednern, um verschiedene Stile und Techniken zu verstehen. Achten Sie darauf, wie diese Redner ihre Botschaften strukturieren, welche rhetorischen Mittel sie verwenden und wie sie mit ihrem Publikum interagieren.

Die Anpassungsfähigkeit ist ein weiterer wesentlicher Aspekt der Rhetorik. Die Fähigkeit, Ihren Stil und Ihre Argumente an unterschiedliche Situationen und Publikumsgruppen anzupassen, ist entscheidend für eine effektive Kommunikation. Dies erfordert ein tiefes Verständnis der Bedürfnisse und Erwartungen Ihres Publikums sowie die Flexibilität, Ihre Botschaft entsprechend zu modifizieren.

Die Entwicklung von Empathie und Einfühlungsvermögen ist ebenfalls wichtig für die Rhetorik. Verstehen Sie die Perspektiven und Gefühle Ihres Publikums, um Ihre Botschaften so zu gestalten, dass sie resonieren und überzeugen. Die Fähigkeit, sich in andere hineinzuversetzen, kann Ihre Argumente relevanter und überzeugender machen.

Insgesamt bietet das Beherrschen der Kunst der Rhetorik die Möglichkeit, Ihre Ideen kraftvoll und überzeugend zu präsentieren. Ob in persönlichen Gesprächen, beruflichen Verhandlungen oder öffentlichen Auftritten – eine starke rhetorische Kompetenz ermöglicht es Ihnen, Ihre Botschaften effektiv zu übermitteln und Ihr Publikum zu inspirieren und zu beeinflussen.

Aufbau einer fesselnden Rede

Der Aufbau einer fesselnden Rede ist eine Kunst, die sowohl Kreativität als auch strukturelle Planung erfordert.

Eine wirkungsvolle Rede fesselt das Publikum, vermittelt eine klare Botschaft und hinterlässt einen bleibenden Eindruck. Hier sind einige Schlüsselelemente für den Aufbau einer solchen Rede:

1. Einleitung: Eine wirkungsvolle Einleitung dient als Türöffner, um das Interesse des Publikums zu wecken. Ein spannender Einstieg könnte eine persönliche Geschichte sein, die direkt zu Ihrem Thema überleitet, oder eine überraschende Statistik, die Neugierde weckt. Ziel ist es, eine Verbindung zum Publikum herzustellen und den Grundstein für das zu legende Thema zu setzen.

2. Klare Themenstellung: Definieren Sie frühzeitig den Hauptzweck Ihrer Rede. Was ist die zentrale Botschaft oder das Ziel, das Sie vermitteln möchten? Eine klare und fokussierte Themenstellung hilft, Ihre Rede strukturiert und zielgerichtet zu gestalten.

3. Strukturierung des Hauptteils: Dieser Teil sollte logisch strukturiert sein, sodass das Publikum Ihren Gedanken folgen kann. Erzählen Sie eine Geschichte, die Ihre Hauptpunkte illustriert, oder verwenden Sie anschauliche Beispiele und Vergleiche, um Ihre Argumente zu untermauern. Die Einbeziehung von Anekdoten oder relevanten Zitaten kann hier besonders wirkungsvoll sein.

4. Emotionale Verbindung herstellen: Um Ihr Publikum wirklich zu fesseln, müssen Sie eine emotionale Verbindung herstellen. Dies kann durch das Teilen persönlicher Erlebnisse, das Ansprechen gemeinsamer Werte oder das Einbeziehen von emotional ansprechenden Elementen geschehen.

5. Einsatz rhetorischer Mittel: Rhetorische Mittel wie Metaphern, Wiederholungen, rhetorische Fragen oder Dreierfiguren können Ihre Rede lebendiger und einprägsamer machen. Sie helfen, Schlüsselpunkte zu betonen und das Interesse des Publikums zu halten.

6. Interaktion mit dem Publikum: Eine fesselnde Rede ist keine Einbahnstraße. Beziehen Sie Ihr Publikum mit ein, indem Sie Fragen stellen, zur Reflexion anregen oder direktes Feedback einholen. Dies erhöht die Aufmerksamkeit und das Engagement.

7. Kraftvoller Abschluss: Der Schlussteil Ihrer Rede sollte die wichtigsten Punkte zusammenfassen und das Publikum mit einer klaren Handlungsaufforderung oder einem nachdenklichen Fazit zurücklassen. Ein starker Abschluss hinterlässt einen bleibenden Eindruck und kann Ihre Botschaft verstärken.

8. Übung und Vorbereitung: Eine gute Vorbereitung ist entscheidend für den Erfolg Ihrer Rede. Üben Sie Ihre Rede mehrfach, um sicherzustellen, dass Sie mit dem Inhalt vertraut sind und ihn flüssig präsentieren können. Beachten Sie auch Aspekte wie Timing und Pausen, um Ihre Rede effektiv zu gestalten.

Indem Sie diese Elemente in Ihrer Rede berücksichtigen, können Sie eine fesselnde und überzeugende Präsentation erstellen, die Ihr Publikum nicht nur informiert, sondern auch inspiriert und bewegt.

Die Fähigkeit, eine fesselnde Rede zu halten, ist ein Zusammenspiel aus Struktur, Inhalt und Präsentation.

Die Kunst liegt darin, das Publikum von Anfang an zu fesseln, sie auf eine Reise mitzunehmen und mit einer nachhaltigen Botschaft zu hinterlassen.

Übung: Aufbau einer Rede

1. Themenfindung: Wählen Sie ein Thema, das Sie leidenschaftlich interessiert. Überlegen Sie, was Sie dazu sagen möchten und welche zentrale Botschaft Sie vermitteln wollen.

2. Strukturierung: Entwerfen Sie eine Gliederung für Ihre Rede. Beginnen Sie mit einer einleitenden Geschichte oder Statistik, gefolgt von drei Hauptpunkten, die Ihre These unterstützen, und schließen Sie mit einer Zusammenfassung oder einem Appell.

3. Geschichten einbinden: Finden Sie eine persönliche Geschichte oder ein relevantes Beispiel, das jeden Ihrer Hauptpunkte veranschaulicht. Geschichten sind ein kraftvolles Werkzeug, um Ihre Botschaft zu verstärken und das Publikum zu fesseln.

4. Üben: Üben Sie Ihre Rede laut. Achten Sie auf Ihre Körpersprache, Ihren Augenkontakt und die Modulation Ihrer Stimme. Übung macht den Meister und gibt Ihnen das notwendige Vertrauen.

5. Feedback: Halten Sie Ihre Rede vor Freunden oder Familie und bitten Sie um ehrliches Feedback. Nutzen Sie dieses Feedback, um Ihre Rede zu verfeinern.

Indem Sie diese Schritte befolgen und regelmäßig üben, können Sie Ihre Fähigkeiten im Halten von Reden verbessern und lernen, Ihr Publikum effektiv zu fesseln und zu beeinflussen.

Einsatz rhetorischer Stilmittel für maximale Wirkung

Der Einsatz rhetorischer Stilmittel kann eine Rede oder Präsentation wesentlich bereichern und ihre Wirkung maximieren.

Diese Stilmittel sind Werkzeuge, die, wenn geschickt eingesetzt, nicht nur die Aufmerksamkeit des Publikums fesseln, sondern auch die Überzeugungskraft und den emotionalen Impact Ihrer Worte steigern können.

Eines der wirkungsvollsten rhetorischen Mittel ist die Metapher. Durch den Vergleich von Konzepten, die auf den ersten Blick nicht zusammenhängen, kann eine Metapher komplexe Ideen veranschaulichen und ihnen Tiefe verleihen.

Beispielsweise kann die Beschreibung eines Unternehmens als „Schiff, das durch stürmische See navigiert", ein starkes Bild für Herausforderungen und Führung in schwierigen Zeiten schaffen.

Die Alliteration, die Wiederholung von Anfangsbuchstaben bei aufeinanderfolgenden Wörtern, ist ein weiteres Stilmittel, das besonders in Reden effektiv sein kann. Es verleiht der Sprache einen Rhythmus und kann helfen, wichtige Punkte hervorzuheben. Eine Phrase wie „Wissen und Weisheit" bleibt beispielsweise eher im Gedächtnis haften.

Rhetorische Fragen sind ein klassisches Mittel, um das Publikum zum Nachdenken anzuregen. Obwohl sie keine direkte Antwort erwarten, helfen sie, das Interesse zu wecken und die Zuhörer in die Argumentation einzubeziehen. Eine Frage wie „Was wäre, wenn wir die Gelegenheit verpassen?" kann das Publikum dazu bringen, über die Konsequenzen und Möglichkeiten nachzudenken.

Die Anapher, die Wiederholung derselben Wortgruppe am Anfang aufeinanderfolgender Sätze oder Absätze, ist ein starkes Mittel, um eine Botschaft zu verstärken. Sie schafft Rhythmus und kann eine steigernde Wirkung haben, wie in „Wir kämpfen für Freiheit, wir kämpfen für Gerechtigkeit, wir kämpfen für unsere Zukunft."

Ein weiteres Stilmittel ist die Hyperbel, eine starke Übertreibung, die verwendet wird, um einen Punkt zu betonen oder eine starke emotionale Reaktion hervorzurufen. Eine Aussage wie „Diese Gelegenheit kommt einmal in tausend Jahren" kann beispielsweise den Wert einer Chance dramatisch hervorheben.

Ironie kann ebenfalls wirkungsvoll sein, besonders um Kritik auf eine subtilere Weise zu äußern. Durch das Sagen des Gegenteils von dem, was gemeint ist, kann Ironie eine kritische Botschaft auf eine leichte und oft humorvolle Weise vermitteln.

Ein weiteres wirkungsvolles rhetorisches Mittel ist die Parallele, bei der ähnliche Strukturen oder Ideen in aufeinanderfolgenden Sätzen oder Phrasen verwendet werden.

Dies schafft eine Harmonie und Betonung, die die Aufmerksamkeit des Publikums fesselt. Durch parallele Strukturen wird eine Rede rhythmischer und einprägsamer.

Die Antithese, bei der gegensätzliche Ideen in einem ausgeglichenen Satz gegenübergestellt werden, kann ebenfalls effektiv sein. Sie schafft einen Kontrast, der die Unterschiede zwischen Ideen hervorhebt und die Argumentation verstärkt. Eine Aussage wie „Nicht durch Worte, sondern durch Taten" betont die Bedeutung des Handelns gegenüber dem bloßen Sprechen.

Die Verwendung von Zitaten und Verweisen auf bekannte Werke oder Persönlichkeiten kann Glaubwürdigkeit und Tiefe verleihen. Diese Technik verbindet Ihre Rede mit einem breiteren kulturellen oder historischen Kontext und kann Ihre Argumente verstärken.

Die Verwendung von Pausen ist ebenfalls ein wichtiges rhetorisches Mittel. Eine gut platzierte Pause kann die Wirkung eines vorherigen Punktes verstärken, dem Publikum Zeit zum Nachdenken geben oder die nächste Aussage betonen. Die Kunst liegt darin, Pausen bewusst und gezielt einzusetzen.

Die Fähigkeit, mit Ihrer Stimme zu spielen, ist ebenfalls ein entscheidender Aspekt der Rhetorik. Variationen in Tonfall, Lautstärke und Geschwindigkeit können dazu beitragen, Interesse zu wecken und Emotionen zu vermitteln. Eine leidenschaftliche und dynamische Stimme kann das Publikum fesseln und die emotionale Wirkung Ihrer Rede verstärken.

Die Anwendung rhetorischer Stilmittel erfordert ein tiefes Verständnis ihrer Wirkungsweise und ein Gespür für Timing und Kontext. Es ist wichtig, diese Mittel so einzusetzen, dass sie die Botschaft unterstützen und verstärken, ohne vom eigentlichen Inhalt abzulenken.

Um diese rhetorischen Mittel effektiv zu nutzen, ist Übung unerlässlich. Experimentieren Sie mit verschiedenen Techniken und beobachten Sie, wie Ihr Publikum darauf reagiert. Sammeln Sie Feedback und passen Sie Ihren Stil entsprechend an. Es kann auch hilfreich sein, Reden von erfahrenen Sprechern zu analysieren und von ihren Techniken zu lernen.

Exzellentes Präsentieren: Techniken und Tipps

Exzellentes Präsentieren ist eine Fähigkeit, die in vielerlei Hinsicht nützlich ist, sei es im beruflichen Kontext, im akademischen Bereich oder bei öffentlichen Veranstaltungen. Eine gute Präsentation verbindet überzeugende Inhalte mit effektiver Darbietung, um das Publikum zu informieren, zu beeinflussen und zu begeistern.

Zunächst ist es entscheidend, dass der Inhalt Ihrer Präsentation gut strukturiert ist. Beginnen Sie mit einer klaren Einführung, in der Sie Ihr Thema und Ihre Hauptziele vorstellen. Dies gibt dem Publikum einen Rahmen für das, was folgt. Im Hauptteil Ihrer Präsentation sollten Ihre Ideen logisch und flüssig präsentiert werden, wobei jeder Punkt auf den vorherigen aufbaut. Der Abschluss sollte eine Zusammenfassung der wichtigsten Punkte und eine klare Schlussfolgerung oder Handlungsaufforderung enthalten.

Visuelle Hilfsmittel, wie PowerPoint-Präsentationen oder Diagramme, können Ihre Präsentation bereichern, sollten aber sinnvoll eingesetzt werden. Überladen Sie Ihre Folien nicht mit Informationen. Stattdessen sollten sie als Ergänzung zu dem, was Sie sagen, dienen und Ihre Botschaft visuell unterstützen. Bilder, Grafiken und Schaubilder können komplexe Informationen verständlicher machen und das Interesse des Publikums wecken.

Die Art und Weise, wie Sie präsentieren, ist genauso wichtig wie der Inhalt. Eine klare und deutliche Aussprache und eine angemessene Lautstärke sind grundlegend. Der Einsatz von Gestik und Mimik kann Ihre Worte unterstreichen und dazu beitragen, eine Verbindung zum Publikum herzustellen. Achten Sie darauf, dass Ihre Körpersprache offen und einladend ist.

Die Beherrschung der Kunst des Storytellings kann Ihre Präsentation erheblich bereichern. Geschichten erzeugen emotionale Resonanz und können komplexe Informationen in einem einprägsamen Format vermitteln. Wenn Sie persönliche Geschichten oder Fallstudien einbinden, können Sie Ihr Publikum auf einer tieferen Ebene ansprechen.

Die Interaktion mit dem Publikum kann ebenfalls eine effektive Technik sein. Stellen Sie Fragen, beziehen Sie Kommentare ein oder führen Sie kleine Umfragen durch, um Engagement zu fördern. Dies hält das Publikum involviert und macht Ihre Präsentation dynamischer.

Abschließend ist es wichtig, sich gut auf die Präsentation vorzubereiten. Üben Sie mehrmals, um Sicherheit im Umgang mit dem Material zu gewinnen und um einen reibungslosen Ablauf zu gewährleisten. Kennen Sie Ihr Publikum und passen Sie Ihre Präsentation entsprechend an. Dies kann bedeuten, den Fachjargon zu minimieren oder bestimmte Aspekte zu betonen, je nachdem, wen Sie ansprechen.

Storytelling in Reden: Wie Geschichten Ihre Argumente unterstützen

Storytelling in Reden ist ein kraftvolles Werkzeug, um Zuhörer zu fesseln und Argumente zu unterstützen. Geschichten wecken Emotionen und machen komplexe Informationen greifbar, was sie zu einem unverzichtbaren Bestandteil effektiver Kommunikation macht.

Geschichten haben die einzigartige Fähigkeit, eine direkte Verbindung zum Publikum herzustellen. Sie ermöglichen es dem Zuhörer, sich in die erzählte Situation hineinzuversetzen und die präsentierten Informationen auf einer persönlichen Ebene zu erleben.

Durch das Erzählen einer Geschichte können Sie Ihr Publikum auf eine emotionale Reise mitnehmen und so Ihre Botschaften tiefer verankern.

Ein weiterer Vorteil des Storytellings ist seine Fähigkeit, abstrakte oder komplexe Konzepte zu veranschaulichen. Anstatt trockene Fakten oder Statistiken zu präsentieren, können Sie durch eine Geschichte die praktische Anwendung oder die Auswirkungen dieser Informationen darstellen. Eine gut erzählte Geschichte kann abstrakte Daten lebendig und relevant machen.

Geschichten bieten auch einen Rahmen, um Ihre Argumente zu strukturieren. Sie können eine Erzählung nutzen, um den Aufbau Ihrer Rede zu leiten und Ihre Hauptpunkte zu verknüpfen. Dies hilft, einen kohärenten Fluss zu schaffen und erleichtert es dem Publikum, Ihrem Gedankengang zu folgen.

Um Storytelling effektiv in Ihren Reden zu nutzen, sollten Sie authentische Geschichten wählen, die relevant für Ihr Thema sind. Persönliche Geschichten oder Anekdoten sind besonders wirkungsvoll, da sie Authentizität und Glaubwürdigkeit verleihen. Wenn Sie persönliche Erfahrungen teilen, zeigen Sie sich verletzlich und menschlich, was die emotionale Bindung zum Publikum stärkt.

Auch der Einsatz von bildhafter Sprache ist beim Storytelling wichtig. Malen Sie mit Ihren Worten ein lebendiges Bild, um Ihre Zuhörer in die Geschichte eintauchen zu lassen. Beschreibungen von Personen, Orten und Gefühlen können Ihre Geschichte zum Leben erwecken und eine starke emotionale Wirkung haben. Denken Sie daran, dass Ihre Geschichte einen klaren Bezug zu Ihrem Hauptthema haben sollte. Jede Erzählung sollte Ihre Kernbotschaft unterstützen und verstärken, anstatt vom Thema abzulenken.

Schließlich ist das Timing entscheidend. Eine gut platzierte Geschichte kann Ihre Rede aufwerten, aber sie sollte nicht überstrapaziert werden. Eine Geschichte, die zu lang oder nicht relevant ist, kann das Publikum langweilen oder verwirren.

Die Integration von Storytelling in Ihre Reden geht über das bloße Erzählen einer Geschichte hinaus; es erfordert eine sorgfältige Planung und Ausführung, damit die Geschichte Ihre Argumente effektiv unterstützt und verstärkt.

Eine effektive Geschichte sollte einen klaren Anfang, Mittelteil und Schluss haben. Der Anfang sollte die Aufmerksamkeit des Publikums fesseln, der Mittelteil die Hauptbotschaft oder das zentrale Thema der Geschichte enthalten und der Schluss die Geschichte mit einer starken Pointe oder Lektion abschließen. Dieser Aufbau hilft, die Geschichte fokussiert und relevant zu halten.

Beim Erzählen der Geschichte ist es wichtig, eine emotionale Verbindung herzustellen. Nutzen Sie emotionale Trigger wie Freude, Überraschung, Frustration oder Erfolg, um eine emotionale Reaktion beim Publikum zu erzeugen. Emotionen sind ein mächtiger Treiber, um Menschen zu bewegen und zu motivieren, und eine Geschichte, die Emotionen weckt, bleibt eher im Gedächtnis.

Die Verknüpfung der Geschichte mit Ihrem Argument oder Ihrer Botschaft ist entscheidend. Die Geschichte sollte nicht isoliert stehen, sondern nahtlos in den Gesamtkontext Ihrer Rede integriert werden.

Machen Sie nach der Geschichte deutlich, wie sie zu Ihren Hauptpunkten passt oder was das Publikum daraus lernen kann.

Es ist auch effektiv, Geschichten zu verwenden, um komplexe Informationen oder Daten zu veranschaulichen. Anstatt Zahlen oder Statistiken isoliert zu präsentieren, können Sie eine Geschichte erzählen, die zeigt, wie diese Daten in der realen Welt angewendet werden oder welche Auswirkungen sie haben. Dies macht die Informationen zugänglicher und verständlicher.

Die Wahl der richtigen Geschichte für Ihr Publikum ist ebenfalls wichtig. Berücksichtigen Sie die Interessen, das Alter und den kulturellen Hintergrund Ihres Publikums, um eine Geschichte auszuwählen, die resoniert und relevant ist. Eine gut gewählte Geschichte kann die Distanz zwischen Ihnen und dem Publikum verringern und eine stärkere Bindung schaffen. Üben Sie das Erzählen Ihrer Geschichte, um sicherzustellen, dass sie flüssig und überzeugend ist. Eine gut vorgetragene Geschichte, die klar und mit der richtigen Betonung erzählt wird, kann eine starke Wirkung haben. Achten Sie auf Ihre Körpersprache und Mimik, um die Geschichte zu unterstützen und ihr mehr Ausdruck zu verleihen. Abschließend ist es hilfreich, Feedback zu Ihrer Geschichte und Ihrem Storytelling zu sammeln. Dies kann Ihnen helfen, die Effektivität Ihrer Geschichte zu beurteilen und Bereiche zu identifizieren, in denen Sie sich verbessern können. Durch die Einbindung von Storytelling in Ihre Reden können Sie eine tiefere und dauerhafte Wirkung bei Ihrem Publikum erzielen. Geschichten sind ein mächtiges Werkzeug, um Menschen zu erreichen, zu berühren und zu inspirieren, und können Ihre Reden von informativ zu unvergesslich transformieren.

Übung: Eine kurze Geschichte mit rhetorischen Mitteln erzählen

Diese Übung hilft Ihnen, Ihre Fähigkeiten im Storytelling und im Einsatz rhetorischer Mittel zu verbessern. Ziel ist es, eine kurze Geschichte zu erzählen, die verschiedene rhetorische Techniken integriert, um die Geschichte lebendiger und eindrucksvoller zu gestalten.

Schritte der Übung:

1. **Themenwahl:** Wählen Sie ein Thema für Ihre Geschichte. Dies kann eine persönliche Erfahrung, eine fiktive Geschichte oder ein

Ereignis aus der Geschichte sein. Wichtig ist, dass das Thema genug Raum für emotionale und beschreibende Elemente bietet.

2. Strukturierung der Geschichte: Planen Sie den Aufbau Ihrer Geschichte. Beginnen Sie mit einer einleitenden Szene, die das Interesse weckt, entwickeln Sie dann den Hauptteil mit Konflikt oder Spannung und schließen Sie mit einer Auflösung oder einer lehrreichen Pointe.

3. Integration rhetorischer Mittel: Entscheiden Sie, welche rhetorischen Mittel Sie verwenden möchten. Mögliche Techniken sind:

- **Metapher:** Verwenden Sie eine Metapher, um eine Idee oder ein Konzept zu veranschaulichen.

- **Alliteration:** Setzen Sie Alliterationen ein, um bestimmte Passagen hervorzuheben.

- **Anapher:** Beginnen Sie mehrere aufeinanderfolgende Sätze mit derselben Wortgruppe, um Nachdruck zu erzeugen.

- **Rhetorische Frage:** Stellen Sie eine Frage, die zum Nachdenken anregt, aber nicht unbedingt eine direkte Antwort erwartet.

4. Erzählen der Geschichte: Erzählen Sie Ihre Geschichte, und achten Sie darauf, wie Sie die rhetorischen Mittel einsetzen.

Versuchen Sie, Ihre Stimme und Gestik zu nutzen, um die Geschichte zum Leben zu erwecken.

5. Feedback einholen: Wenn möglich, erzählen Sie Ihre Geschichte vor einem Publikum oder einer Person Ihres Vertrauens und bitten Sie um Feedback. Konzentrieren Sie sich auf das Feedback bezüglich der Wirkung Ihrer rhetorischen Mittel und der Gesamtstruktur der Geschichte.

6. Reflexion: Reflektieren Sie nach der Übung über Ihre Erfahrung. Was hat gut funktioniert? Gab es Bereiche, die schwierig waren oder verbessert werden könnten?

Beispielgeschichte

"Erinnern Sie sich an das letzte Mal, als Sie vor einer großen Entscheidung standen? Ich stand einmal vor einer solchen Entscheidung - es war wie am Scheideweg zu stehen, ohne zu wissen, welcher Pfad der richtige war. Damals, während meines Studiums, hatte ich die Wahl zwischen einem sicheren Jobangebot und einem risikoreichen Unternehmensprojekt.

Jeden Morgen wachte ich auf, und die Frage 'Was, wenn ich scheitere?' hallte in meinem Kopf wider. Aber dann erinnerte ich mich an die Worte meines Großvaters: 'Wer nicht wagt, der nicht gewinnt.' Diese Alliteration gab mir jedes Mal einen kleinen Schubs.

Ich entschied mich schließlich für das Unternehmensprojekt. War es die richtige Entscheidung? Wer weiß das schon. Aber ich lernte, dass Wachstum oft außerhalb der Komfortzone stattfindet."

Übung: Erstellen und Erzählen einer motivierenden Geschichte

In dieser Übung geht es darum, eine kurze motivierende Geschichte zu kreieren, die verschiedene rhetorische Techniken integriert, um die Geschichte eindrucksvoller und motivierender zu gestalten.

Schritte der Übung

1. Auswahl eines motivierenden Themas: Wählen Sie ein Thema, das sich um Überwindung, Erfolg oder persönliches Wachstum dreht. Das kann eine wahre Begebenheit aus Ihrem Leben, eine inspirierende Geschichte einer bekannten Persönlichkeit oder eine fiktive Erzählung sein.

2. Erstellen der Geschichte: Entwickeln Sie eine einfache Handlung. Ihre Geschichte sollte einen Protagonisten beinhalten, der vor einer Herausforderung steht oder ein Ziel verfolgt. Beschreiben Sie, wie der Protagonist mit Schwierigkeiten umgeht und schließlich Erfolg hat oder eine wichtige Lektion lernt.

3. Integration rhetorischer Mittel

- **Hyperbel:** Nutzen Sie eine leichte Übertreibung, um die Herausforderungen oder die Anstrengungen des Protagonisten zu betonen.

- **Parallele:** Verwenden Sie parallele Strukturen, um die Entschlossenheit oder die Entwicklung des Protagonisten hervorzuheben.

- **Wiederholung:** Wiederholen Sie ein Schlüsselwort oder einen Satz, um einen zentralen Punkt zu verstärken.

- **Bildhafte Sprache:** Verwenden Sie lebhafte Beschreibungen, um die Szenerie oder die Emotionen darzustellen.

4. Erzählen der Geschichte: Erzählen Sie Ihre Geschichte. Achten Sie darauf, Ihre Stimme und Ihre Gestik zu nutzen, um die Geschichte lebendig zu machen und die rhetorischen Mittel effektiv einzusetzen.

5. Feedback einholen: Falls möglich, präsentieren Sie Ihre Geschichte vor anderen und bitten um Feedback, insbesondere zur Wirkung der rhetorischen Mittel und zur allgemeinen Motivationskraft der Geschichte.

6. Selbstreflexion: Überlegen Sie nach der Übung, wie sich die verwendeten rhetorischen Mittel auf die Geschichte ausgewirkt haben. Was hat gut funktioniert und was könnte verbessert werden?

Beispielgeschichte: "Stellen Sie sich einen Bergsteiger vor, der vor dem höchsten Gipfel steht, den er je erklimmen wollte. Der Weg nach oben war mehr als nur steinig – er war ein wahrer Sturm aus Herausforderungen und Zweifeln.

Jedes Mal, wenn er zu fallen drohte, erinnerte er sich an das Echo seiner eigenen Worte: 'Schritt für Schritt'. Diese Wiederholung war wie ein rhythmisches Mantra, das ihn weiter nach oben trieb.

Als er den Gipfel erreichte, war es nicht nur ein Triumph über den Berg, sondern auch ein Triumph über sich selbst. Er hatte gelernt, dass jeder Schritt, egal wie klein, Teil des Weges zum Erfolg ist. Seine Geschichte ist ein Beweis dafür, dass Ausdauer und Mut uns zu Höhen führen können, die wir nie für möglich gehalten hätten."

Diese Art von Übung hilft Ihnen nicht nur, Ihre Fähigkeiten im Storytelling zu verfeinern, sondern auch, effektivere und motivierendere Geschichten zu kreieren, die in Reden und Präsentationen eingesetzt werden können.

Kapitel 4
Sprachliche Klarheit und Präzision

Strukturiertes und logisches Formulieren von Gedanken ist ein wesentlicher Bestandteil klarer Kommunikation. Die Wahl der richtigen Wörter, die Vermeidung von Füllwörtern und die klare Strukturierung von Sätzen und Absätzen tragen dazu bei, Missverständnisse zu reduzieren und die Verständlichkeit zu erhöhen.

Die Verwendung konkreter Ausdrücke und Beispiele, anstatt sich auf abstrakte Begriffe zu verlassen, ist eine weitere wichtige Technik, um Klarheit zu schaffen. Konkrete Sprache erleichtert das Verständnis und hilft dem Zuhörer oder Leser, die Botschaft besser zu erfassen. Durch Schreib- und Sprechübungen können diese Fähigkeiten gezielt trainiert werden. Das Erhalten und Einbeziehen von Feedback ist dabei ein wichtiger Schritt.

Übung: Komplexe Ideen einfach und verständlich ausdrücken

Diese Übung zielt darauf ab, Ihre Fähigkeit zu verbessern, komplexe Ideen in einfache und verständliche Begriffe zu übersetzen. Diese Fähigkeit ist besonders nützlich in Lehr-, Präsentations- oder Führungssituationen, in denen Sie sicherstellen müssen, dass Ihr Publikum oder Team Ihre Gedanken klar nachvollziehen kann.

Vorbereitung

1. Wählen Sie eine komplexe Idee: Dies kann ein wissenschaftliches Konzept, ein geschäftliches Szenario oder eine theoretische Idee sein.

Wählen Sie etwas, das Sie gut verstehen, aber das für Außenstehende als komplex oder verwirrend gelten könnte.

2. Identifizieren Sie die Kernpunkte: Zerlegen Sie die Idee in ihre grundlegenden Bestandteile. Was sind die wesentlichen Aspekte, die jemand verstehen muss, um die Gesamtkonzeption zu begreifen?

3. Entwickeln Sie einfache Erklärungen: Für jeden Kernpunkt, finden Sie eine einfache Erklärung oder Analogie. Denken Sie darüber nach, wie Sie die Idee einem Laien oder einem Kind erklären würden.

Durchführung der Übung

1. Erzählen Sie die Geschichte: Versuchen Sie, die komplexe Idee in einer einfachen und klaren Sprache auszudrücken. Nutzen Sie Ihre vorbereiteten Erklärungen und Analogien, um die Kernpunkte zu vermitteln.

2. Verwenden Sie Beispiele: Konkrete Beispiele können abstrakte Konzepte greifbarer machen. Beziehen Sie Beispiele ein, die das Publikum leicht nachvollziehen kann.

3. Feedback einholen: Wenn möglich, präsentieren Sie Ihre Erklärung einer Person, die mit dem Thema nicht vertraut ist. Bitten Sie um ehrliches Feedback bezüglich der Klarheit und Verständlichkeit Ihrer Erklärung.

4. Reflektieren und anpassen: Basierend auf dem Feedback, überlegen Sie, welche Teile Ihrer Erklärung gut funktioniert haben und welche möglicherweise noch zu komplex sind. Passen Sie Ihre Erklärung entsprechend an.

<u>Beispiel:</u>

Thema: Relativitätstheorie

<u>Komplexe Idee:</u> "Die Relativitätstheorie besagt, dass Raum und Zeit miteinander verbunden sind und dass die Gravitation eine Folge der Krümmung von Raum und Zeit durch Massen ist".

<u>Vereinfachte Erklärung:</u> "Stellen Sie sich Raum und Zeit als ein großes Tuch vor. Wenn Sie nun etwas Schweres, wie eine Bowlingkugel, darauflegen, beult das Tuch aus. Dieses Ausbeulen des Tuchs durch die Kugel ist vergleichbar mit der Wirkung von Gravitation in der Relativitätstheorie. Objekte im Raum bewegen sich entlang dieser Ausbeulungen."

Durch regelmäßiges Üben dieser Art von Übung können Sie lernen, komplexe Ideen klar und verständlich zu kommunizieren, was Ihre Effektivität in vielfältigen Kommunikationssituationen steigern.

Kapitel 5
Schlagfertigkeit ausbauen

Schlagfertigkeit ist die Fähigkeit, schnell und geistreich auf unerwartete Fragen oder Kommentare zu reagieren. Dies ist eine besonders nützliche Fähigkeit in gesellschaftlichen Situationen, bei Diskussionen oder in beruflichen Kontexten, wo spontane und clevere Reaktionen oft gefragt sind.

In sozialen Interaktionen ermöglicht Schlagfertigkeit, mit Leichtigkeit und Humor zu reagieren, was die Kommunikation nicht nur angenehmer, sondern auch effektiver macht. Sie hilft, Spannungen zu lösen, zeigt Geistesgegenwart und kann Beziehungen stärken, indem sie zeigt, dass man aktiv zuhört und schnell auf das Gesagte eingehen kann.

Im beruflichen Kontext ist Schlagfertigkeit besonders wertvoll. In Meetings, Verhandlungen oder bei Präsentationen kann sie dazu beitragen, Respekt und Anerkennung zu gewinnen. Die Fähigkeit, auf unerwartete Fragen oder Kritik souverän zu reagieren, ist ein Zeichen von Kompetenz und Selbstsicherheit. Auch in Konfliktsituationen kann Schlagfertigkeit von Vorteil sein. Eine geschickte, wohlüberlegte Antwort kann dazu beitragen, einen Konflikt zu entschärfen oder eine defensive Haltung abzubauen. Sie ermöglicht es, standhaft zu bleiben, ohne aggressiv zu wirken, und kann helfen, die Oberhand in einer schwierigen Situation zu bewahren.

Schlagfertigkeit kann auch als Werkzeug für Kreativität und Problemlösung dienen. Die Fähigkeit, schnell zu denken und originelle Antworten zu finden, ist in vielen Bereichen nützlich, von der kreativen Arbeit bis hin zur täglichen Problemlösung.

Die Fähigkeit, humorvoll zu reagieren, ist ein wichtiger Bestandteil der Schlagfertigkeit. Humor kann die Stimmung aufhellen, Barrieren abbauen und die Sympathie anderer gewinnen. Es ist jedoch entscheidend, dass der Humor angemessen und respektvoll bleibt, um Missverständnisse oder Verärgerung zu vermeiden.

Techniken für prompte und geistreiche Antworten

Das Entwickeln von Techniken für prompte und geistreiche Antworten ist ein wesentlicher Bestandteil des Ausbaus der Schlagfertigkeit. Diese Fähigkeiten sind besonders nützlich in Situationen, in denen schnelles Denken und eine kluge Reaktion gefragt sind.

Hier sind einige Techniken, die Ihnen dabei helfen können:

1. **Aktives Zuhören:** Um schlagfertig antworten zu können, ist es wichtig, zunächst genau zuzuhören. Aktives Zuhören hilft Ihnen, die Frage oder den Kommentar vollständig zu erfassen und angemessen darauf zu reagieren.

2. **Gedankliche Vorbereitung:** Trainieren Sie Ihr Gehirn, schneller zu denken. Dies können Sie üben, indem Sie regelmäßig hypothetische Fragen oder Situationen durchspielen und darauf reagieren. Das Erstellen von „Antwortbausteinen" zu gängigen Themen kann ebenfalls hilfreich sein.

3. **Wortspiele und Sprachwitz:** Spielen Sie mit der Sprache. Wortspiele, Doppeldeutigkeiten oder das Umdrehen von Aussagen können geistreiche Antworten erzeugen, die sowohl witzig als auch intelligent sind.

4. **Analogien und Metaphern verwenden:** Analogien und Metaphern sind hervorragende Werkzeuge, um komplexe Antworten zu vereinfachen und gleichzeitig geistreich zu wirken. Sie

verbinden das Thema mit allgemeineren oder bekannteren Konzepten, was Ihre Antwort zugänglicher und einprägsamer macht.

5. Humor einsetzen: Humor ist ein mächtiges Instrument der Schlagfertigkeit. Eine humorvolle Antwort kann die Stimmung auflockern und zeigt, dass Sie die Situation nicht zu ernst nehmen.

6. Emotionale Intelligenz: Seien Sie sich Ihrer eigenen Emotionen und der Emotionen Ihres Gegenübers bewusst. Schlagfertigkeit sollte nicht verletzen. Eine empathische und respektvolle Herangehensweise ist entscheidend.

7. Pause nutzen: Eine kurze Pause vor der Antwort kann Ihnen zusätzliche Sekunden geben, um eine durchdachte Reaktion zu formulieren. Es zeigt auch, dass Sie die Frage oder den Kommentar ernst nehmen und sorgfältig darauf antworten.

8. Selbstbewusstsein stärken: Vertrauen in Ihre eigenen Fähigkeiten ist entscheidend für Schlagfertigkeit. Selbstbewusstsein hilft, Nervosität zu reduzieren und verbessert Ihre Fähigkeit, geistreich zu reagieren.

Umgang mit Kritik und unvorhergesehenen Ereignissen

Der Umgang mit Kritik und unvorhergesehenen Ereignissen ist eine wichtige Komponente der Schlagfertigkeit und allgemeinen Kommunikationsfähigkeit. Diese Fähigkeit ermöglicht es Ihnen, souverän und effektiv auf Herausforderungen zu reagieren, ohne dabei die Fassung zu verlieren.

<u>Umgang mit Kritik</u>

1. Aktives Zuhören: Hören Sie genau zu, was gesagt wird, und versuchen Sie, die zugrunde liegende Botschaft zu verstehen. Oft steckt hinter der Kritik ein konstruktiver Punkt.

2. Nicht sofort reagieren: Geben Sie sich einen Moment Zeit, bevor Sie antworten. Dies verhindert überstürzte emotionale Reaktionen und ermöglicht es Ihnen, eine durchdachte Antwort zu formulieren.

3. Objektivität bewahren: Versuchen Sie, die Kritik objektiv zu betrachten, anstatt sie persönlich zu nehmen. Fragen Sie sich, ob an der Kritik etwas Wahres ist und was Sie daraus lernen können.

4. Klärung suchen: Wenn die Kritik unklar oder pauschal ist, fragen Sie nach spezifischen Beispielen oder Erläuterungen. Das zeigt, dass Sie bereit sind, sich mit der Kritik auseinanderzusetzen.

5. Ruhig und respektvoll antworten: Bewahren Sie Ruhe und antworten Sie respektvoll. Selbst wenn Sie nicht einverstanden sind, ist es wichtig, professionell zu bleiben.

<u>Umgang mit unvorhergesehenen Ereignissen</u>

1. Flexibilität: Seien Sie bereit, Ihre Pläne zu ändern oder sich neuen Situationen anzupassen. Flexibilität ist der Schlüssel, um effektiv auf Unvorhergesehenes zu reagieren.

2. Ruhe bewahren: In unerwarteten Situationen ist es wichtig, ruhig zu bleiben. Tiefes Atmen oder kurzes Innehalten kann helfen, die Nerven zu beruhigen.

3. Problemlösung: Betrachten Sie unvorhergesehene Ereignisse als Probleme, die gelöst werden müssen. Analysieren Sie die Situation schnell und entwickeln Sie einen Plan, wie Sie damit umgehen können.

4. Kreativität nutzen: Manchmal erfordern unerwartete Ereignisse kreative Lösungen. Seien Sie offen für unkonventionelle Ideen oder Herangehensweisen.

Der effektive Umgang mit Kritik und unvorhergesehenen Ereignissen erfordert Übung und Selbstbewusstsein.

In Situationen, in denen Kritik geäußert wird, ist es entscheidend, zuerst die eigene emotionale Reaktion zu kontrollieren. Anstatt impulsiv zu reagieren, ist es oft hilfreicher, einen Schritt zurückzutreten und die Kritik aus einer objektiven Perspektive zu betrachten. Das aktive Zuhören spielt hier eine wichtige Rolle, da es Ihnen ermöglicht, genau zu verstehen, worauf sich die Kritik bezieht und wie Sie darauf am besten eingehen können.

Die Kunst, in Momenten der Kritik ruhig und respektvoll zu bleiben, ist nicht nur ein Zeichen von Professionalität, sondern auch von Reife. Es zeigt, dass Sie in der Lage sind, Feedback zu akzeptieren und konstruktiv damit umzugehen. Selbst wenn Sie mit der Kritik nicht einverstanden sind, kann eine ruhige und überlegte Antwort dazu beitragen, das Gespräch auf eine sachliche Ebene zu bringen und produktive Lösungen zu fördern.

Bei unvorhergesehenen Ereignissen hingegen ist die Fähigkeit, schnell und flexibel zu reagieren, entscheidend.
Unerwartete Situationen können Verwirrung und Stress verursachen, aber sie bieten auch Gelegenheiten, Kreativität und Problemlösungsfähigkeiten zu zeigen. Eine schnelle Anpassung an neue Gegebenheiten und die Entwicklung von alternativen Plänen sind Zeichen einer effektiven Problemlösungskompetenz.

Praktische Beispiele für effektive Schlagfertigkeit

Effektive Schlagfertigkeit kann in vielen alltäglichen Situationen eingesetzt werden. Hier sind einige praktische Beispiele, die zeigen, wie Schlagfertigkeit in verschiedenen Kontexten wirksam sein kann:

Im Beruflichen Kontext bei einer kritischen Frage: Stellen Sie sich vor, in einem Meeting wird eine kritische Frage zu Ihrem Projekt gestellt, die potenziell konfrontativ ist. Anstatt sich verteidigen zu müssen, könnten Sie schlagfertig antworten: „Das ist ein interessanter Punkt. Lassen Sie uns das genauer betrachten, um zu sehen, wie wir diese Herausforderung in eine Gelegenheit umwandeln können." Diese Antwort zeigt Offenheit für Feedback und lenkt die Diskussion in eine konstruktive Richtung.

In sozialen Situationen auf einen spöttischen Kommentar: Wenn jemand in einem geselligen Beisammensein einen leicht spöttischen Kommentar über Ihre Vorliebe für bestimmte Musik oder Hobbys macht, könnten Sie humorvoll erwidern: „Ja, genau, ich bin der Präsident des ‚Uncoolen Hobbys'-Clubs. Wir treffen uns jeden Dienstag." Diese Antwort zeigt, dass Sie den Witz verstehen und selbstbewusst genug sind, um darüber zu lachen.

In einer Verhandlungssituation: Wenn Ihnen in einer Verhandlung ein Angebot gemacht wird, das weit unter Ihren Erwartungen liegt, könnten Sie antworten: „Das ist ein guter Anfangspunkt für eine Verhandlung. Lassen Sie uns darüber sprechen, wie wir beide Seiten zufriedenstellen können." Dies zeigt, dass Sie bereit sind, zu verhandeln, ohne sofort Zugeständnisse zu machen.

Bei einem Vorstellungsgespräch auf eine herausfordernde Frage: Wenn Sie gefragt werden, wie Sie mit Stress umgehen, könnten Sie antworten: „Ich behandle Stress wie ein hartnäckiges Softwareproblem. Ich zerlege es in kleinere Teile, löse jedes Teil einzeln und füge dann alles wieder zu einer funktionierenden Lösung zusammen." Diese Antwort zeigt Ihre Problemlösungsfähigkeiten und Ihre Fähigkeit, Stress in einer strukturierten Weise zu managen.

In alltäglichen Situationen bei unerwarteten Problemen: Wenn Sie beispielsweise zu einem wichtigen Termin zu spät kommen, weil Ihr Auto eine Panne hatte, könnten Sie sagen: „Ich dachte, ich würde heute meinem Auto eine kleine Auszeit gönnen.

Offensichtlich hat es sich für eine sehr ungünstige Zeit entschieden." Diese Antwort mildert die Situation mit Humor und zeigt gleichzeitig, dass Sie die Situation akzeptieren und das Beste daraus machen.

In einem Teammeeting auf eine negative Bemerkung: Angenommen, ein Kollege äußert sich negativ über eine Idee, die Sie vorgestellt haben. Anstatt sich zu ärgern, könnten Sie schlagfertig reagieren: „Ich schätze Ihr Feedback. Es hilft mir, meine Ideen aus einer anderen Perspektive zu betrachten. Lassen Sie uns gemeinsam überlegen, wie wir sie verbessern können."

Diese Antwort zeigt Offenheit und die Bereitschaft, konstruktiv mit Kritik umzugehen.

Bei familiären Diskussionen auf einen provokanten Kommentar: Wenn ein Familienmitglied während eines Treffens einen provokanten Kommentar macht, könnte eine schlagfertige Antwort sein: „Das ist ein interessanter Standpunkt. Ich hatte noch nie diese Perspektive in Betracht gezogen."

Diese Antwort ist diplomatisch und verhindert eine mögliche Eskalation der Situation.

In einem Verkaufsgespräch auf eine Ablehnung: Wenn ein potenzieller Kunde Ihr Produkt ablehnt, könnten Sie antworten: „Verstehe, es scheint, als wäre es jetzt nicht der richtige Zeitpunkt für Sie. Darf ich fragen, was sich ändern müsste, damit unser Produkt für Sie interessant wird?" Diese Antwort zeigt, dass Sie bereit sind, zuzuhören und auf die Bedürfnisse des Kunden einzugehen.

In einem öffentlichen Auftritt auf eine unerwartete Frage: Wenn Sie während eines Vortrags eine unerwartete Frage gestellt bekommen, könnten Sie sagen: „Das ist eine hervorragende Frage. Sie bringt uns direkt zum Kern des Themas." Diese Antwort gibt Ihnen Zeit nachzudenken, während Sie die Frage positiv anerkennen.

Auf eine persönliche Bemerkung in einer geselligen Runde: Wenn jemand einen Kommentar über Ihr Aussehen oder Ihre Kleidung macht, könnten Sie antworten: „Danke für den Hinweis. Ich probiere gerne neue Stile aus – manchmal experimenteller als andere." Diese Antwort zeigt Selbstvertrauen und Humor.

Diese Beispiele illustrieren, wie Schlagfertigkeit in unterschiedlichen Kontexten eingesetzt werden kann, um positiv, konstruktiv und manchmal humorvoll zu reagieren. Der Schlüssel liegt darin, die Situation schnell zu bewerten und eine Antwort zu finden, die angemessen, respektvoll und effektiv ist.

Durch regelmäßiges Anwenden dieser Techniken in realen Situationen können Sie Ihre Schlagfertigkeit weiterentwickeln und stärken.

Kapitel 6
Humor in der Kommunikation

Humor in der Kommunikation ist ein facettenreiches Thema, das weit über das bloße Erzählen von Witzen hinausgeht. Es ist eine Kunst, die in verschiedenen Kommunikationskontexten eingesetzt werden kann, um Beziehungen zu stärken, die Stimmung zu heben und Botschaften effektiver zu vermitteln.

Die Fähigkeit, Humor angemessen einzusetzen, ist besonders in der heutigen schnelllebigen und oft stressigen Welt von großer Bedeutung. In formellen Präsentationen und beruflichen Meetings kann der gezielte Einsatz von Humor dazu beitragen, die Aufmerksamkeit des Publikums zu wecken und komplexe Informationen zugänglicher zu machen. Eine gut platzierte humorvolle Bemerkung oder eine leichte Anekdote kann das Eis brechen und eine Verbindung zum Publikum herstellen. Jedoch ist es hierbei wichtig, ein Gleichgewicht zu finden, um Professionalität zu wahren und sicherzustellen, dass der Humor die Kernbotschaft unterstützt und nicht von ihr ablenkt.

Im täglichen Austausch mit Kollegen und in informellen Situationen bietet Humor eine Möglichkeit, Beziehungen zu stärken und ein angenehmes Arbeitsumfeld zu schaffen. Ein Scherz unter Kollegen oder eine humorvolle Bemerkung während einer Kaffeepause kann die Arbeitsatmosphäre auflockern und zur Teambildung beitragen. In solchen Kontexten ist es jedoch ebenso entscheidend, sensibel für die Grenzen des Humors zu sein und darauf zu achten, dass niemand durch den Spaß verletzt oder ausgeschlossen wird.

Humor kann auch in schwierigen Situationen, wie Konflikten oder Krisen, ein wertvolles Werkzeug sein. Er kann helfen, Spannungen zu verringern und eine positive Herangehensweise zu fördern. In Konfliktsituationen kann eine humorvolle Bemerkung dazu beitragen, die Situation zu entspannen und eine konstruktive Lösung zu finden. Es erfordert jedoch Fingerspitzengefühl, um sicherzustellen, dass der Humor angemessen ist und die Situation nicht verschlimmert.

Die Entwicklung eines effektiven Humors in der Kommunikation erfordert Übung, Selbstbewusstsein und ein gutes Verständnis für die Situation und das Publikum. Durch das bewusste Einsetzen von Humor in verschiedenen Kontexten können Sie Ihre kommunikativen Fähigkeiten verbessern, effektiver interagieren und positive Beziehungen in Ihrem beruflichen und privaten Umfeld fördern.

Humor als Werkzeug in der Kommunikation einzusetzen, erfordert ein gutes Gespür dafür, wann und wie er am effektivsten genutzt werden kann. Es geht nicht nur darum, für Heiterkeit zu sorgen, sondern Humor strategisch einzusetzen, um Kommunikationsziele zu erreichen, Beziehungen zu stärken und manchmal auch schwierige Botschaften leichter vermittelbar zu machen.

Wann Humor einsetzen

<u>In Eisbrecher-Situationen:</u> Zu Beginn von Präsentationen, Meetings oder bei der Einführung neuer Teammitglieder kann Humor dazu beitragen, eine entspannte und offene Atmosphäre zu schaffen. Ein kleiner Witz oder eine humorvolle Bemerkung kann helfen, Anspannung abzubauen und das Eis zu brechen.

<u>Bei der Auflockerung von schweren Themen:</u> In Diskussionen über komplexe oder ernste Themen kann ein wenig Humor dazu beitragen, die Stimmung aufzulockern und das Publikum empfänglicher für die Botschaft zu machen.

Dies muss jedoch mit Vorsicht und Sensibilität für das Thema und das Publikum erfolgen.

In Konfliktsituationen: Um Spannungen in hitzigen Diskussionen zu verringern, kann Humor ein wirksames Werkzeug sein. Eine humorvolle Bemerkung kann die Stimmung aufhellen und helfen, die Perspektive zu wechseln, wodurch eine konstruktive Lösungssuche erleichtert wird.

Wie Humor effektiv einsetzen

Anpassung an das Publikum: Der Schlüssel zum effektiven Einsatz von Humor liegt in der Anpassung an Ihr Publikum. Berücksichtigen Sie Alter, kulturellen Hintergrund und die Beziehung zu Ihrem Publikum, um sicherzustellen, dass Ihr Humor angemessen und verständlich ist.

Einfach und relevant halten: Vermeiden Sie komplexe Witze oder Insider-Humor, der nur von einer bestimmten Gruppe verstanden wird. Der Humor sollte einfach, direkt und relevant für die Situation oder das Thema sein.

Nicht übertreiben: Ein Zuviel an Humor kann von der Hauptbotschaft ablenken oder unprofessionell wirken. Nutzen Sie Humor gezielt und sparsam, um Ihre Kommunikation zu unterstützen, nicht zu dominieren.

Authentizität bewahren: Ihr Humor sollte zu Ihrem persönlichen Stil passen. Erzwungener oder aufgesetzter Humor wirkt oft unauthentisch und kann das Gegenteil des Gewünschten bewirken.

Sensibilität und Respekt: Humor sollte niemals auf Kosten anderer gehen oder sensible Themen ins Lächerliche ziehen. Respekt und Empathie sind entscheidend, um sicherzustellen, dass Ihr Humor positiv aufgenommen wird.

Durch den bedachten Einsatz von Humor können Sie nicht nur die Kommunikation effektiver gestalten, sondern auch die Bindung zu Ihrem Publikum stärken und eine angenehmere und dynamischere Interaktionsatmosphäre schaffen. Humor ist ein mächtiges Werkzeug, das, wenn es richtig eingesetzt wird, die Wirkung Ihrer Kommunikation erheblich steigern kann.

Eine Übung zur Kreation und Erzählung witziger Anekdoten kann eine unterhaltsame und lehrreiche Möglichkeit sein, Ihren Humor in der Kommunikation zu verbessern. Anekdoten sind kurze, oft humorvolle Geschichten, die auf realen Ereignissen basieren und in verschiedenen kommunikativen Kontexten eingesetzt werden können, um die Stimmung aufzulockern, das Interesse zu wecken oder eine Botschaft zu unterstreichen. Hier ist eine Anleitung, wie Sie solche Anekdoten entwickeln und erzählen können:

Schritte zur Erstellung einer witzigen Anekdote

1. <u>Themenwahl</u>: Wählen Sie ein Thema, das allgemein verständlich und für Ihr Publikum relevant ist. Dies könnte eine alltägliche Situation sein, ein Missgeschick, das Ihnen widerfahren ist, oder eine Beobachtung aus dem täglichen Leben.

2. <u>Persönlichen Bezug herstellen</u>: Überlegen Sie sich, wie Sie eine persönliche Verbindung zu dem Thema herstellen können. Persönliche Geschichten sind oft am wirkungsvollsten, da sie Authentizität und Glaubwürdigkeit vermitteln.

3. <u>Pointe entwickeln</u>: Jede gute Anekdote braucht eine Pointe. Dies ist der Teil der Geschichte, der für den humorvollen Aspekt sorgt. Die Pointe sollte überraschend sein und doch natürlich aus der Geschichte hervorgehen.

4. <u>Details hinzufügen</u>: Fügen Sie beschreibende Details hinzu, um Ihre Geschichte lebendig zu machen. Dies hilft dem Publikum, sich

in die Situation hineinzuversetzen und erhöht den Unterhaltungswert der Anekdote.

5. <u>Üben</u>: Üben Sie das Erzählen Ihrer Anekdote. Achten Sie dabei auf Ihre Sprechgeschwindigkeit, Betonung und Körpersprache.

Beispiele für witzige Anekdoten

<u>Das vergessene Passwort</u>: Erzählen Sie von einer Situation, in der Sie ein wichtiges Passwort vergessen haben, und beschreiben Sie die komischen und übertriebenen Längen, zu denen Sie gegangen sind, um es zurückzusetzen – vielleicht endete es damit, dass Sie sich an Ihr erstes Haustier erinnerten, das Sie seit Jahren vergessen hatten.

<u>Der missglückte Kochversuch</u>: Eine Geschichte über einen ambitionierten, aber letztlich scheiternden Versuch, ein kompliziertes Gericht zu kochen.
Vielleicht endete es damit, dass Sie eine Pizza bestellen mussten, während Ihre Küche aussah, als wäre ein Sturm durchgezogen.

Tipps für das Erzählen

<u>Natürlichkeit</u>: Bleiben Sie natürlich und versuchen Sie nicht, zu „performen". Eine Anekdote wirkt am besten, wenn sie wie ein spontaner Einfall erscheint.

<u>Reaktionen beachten</u>: Achten Sie auf die Reaktionen Ihres Publikums und passen Sie Ihren Erzählstil entsprechend an.

Wenn die Leute zu lachen beginnen, machen Sie eine kurze Pause, bevor Sie fortfahren.

<u>Kurz halten</u>: Eine gute Anekdote ist kurz und bündig.

Vermeiden Sie es, abzuschweifen oder unwichtige Details hinzuzufügen, die die Pointe verwässern könnten.

Humor als Schlagfertigkeitstechnik einzusetzen

Humor als Schlagfertigkeitstechnik einzusetzen, ist eine effektive Methode, um in Konversationen geschickt, charmant und selbstbewusst zu wirken. Diese Technik kann dazu beitragen, schwierige oder unangenehme Situationen aufzulockern, Konflikte zu entschärfen oder einfach eine angenehme Atmosphäre zu schaffen. Im Wesentlichen geht es darum, Humor zu nutzen, um schnell und geistreich auf Kommentare oder Fragen zu reagieren.

Beispiele für humorvolle Schlagfertigkeit

- <u>Auf eine kritische Bemerkung über Verspätung</u>: „Ich habe mich heute entschieden, modisch spät zu kommen – Mode ist ja bekanntlich auch eine Frage des Timings."

- <u>Auf eine schwierige Frage in einem Meeting</u>: „Das ist eine so gute Frage, dass ich sie gerne für ein paar Minuten in meinem Gedächtnispalast herumspazieren lassen möchte, bevor ich antworte."

Tipps für den Einsatz von Humor in der Schlagfertigkeit

- <u>Kenntnis des Publikums</u>: Passen Sie Ihren Humor an Ihr Publikum an. Was in einem lockeren Umfeld funktioniert, kann in einem formellen Geschäftstreffen unpassend sein.

- <u>Vermeidung von Sarkasmus</u>: Sarkasmus kann oft falsch verstanden werden und ist riskant, wenn er nicht mit den richtigen Personen oder in der richtigen Umgebung verwendet wird.

- <u>Nicht auf Kosten anderer</u>: Achten Sie darauf, dass Ihr Humor niemanden verletzt oder herabsetzt. Der beste Humor ist der, der gemeinsam mit anderen genossen wird, nicht auf deren Kosten.

Humor als Schlagfertigkeitstechnik zu nutzen, erfordert Übung und ein gutes Gespür für Timing und Kontext. Mit der Zeit können Sie jedoch lernen, Humor effektiv einzusetzen, um Ihre kommunikativen Fähigkeiten zu verbessern und positive Interaktionen in verschiedenen Situationen zu fördern.

Die Anwendung von Humor als Schlagfertigkeitstechnik stellt eine kunstvolle Balance dar, die sowohl Selbstbewusstsein als auch Feingefühl erfordert. In der richtigen Dosierung kann Humor eine Konversation bereichern, Verbindungen stärken und sogar als diplomatisches Werkzeug in schwierigen Gesprächssituationen dienen.

Entwicklung von Humor als Schlagfertigkeitstechnik

- <u>Beobachten und Lernen</u>: Achten Sie darauf, wie humorvolle Menschen in Ihrer Umgebung Humor einsetzen. Viel lässt sich durch Beobachtung und Nachahmung lernen.

- <u>Üben in sicheren Umgebungen</u>: Beginnen Sie mit dem Einsatz von Humor in weniger riskanten Situationen, wie zum Beispiel im Kreise enger Freunde oder Kollegen, bevor Sie ihn in formelleren Kontexten einsetzen.

- <u>Anpassungsfähigkeit und Sensibilität</u>: Seien Sie sich der kulturellen, sozialen und individuellen Unterschiede bewusst, die beeinflussen können, wie Ihr Humor aufgenommen wird. Eine Anpassungsfähigkeit und Sensibilität für diese Unterschiede ist entscheidend.

- <u>Selbstreflexion</u>: Reflektieren Sie nach dem Einsatz von Humor über die Reaktionen, die Sie erhalten haben. Dies kann Ihnen helfen, Ihren Stil und Ansatz zu verfeinern.

Kapitel 7
Small Talk und Gesprächsführung

Small Talk und Gesprächsführung sind unverzichtbare Bestandteile der täglichen Kommunikation, die eine Brücke zu tieferen Gesprächen und stärkeren Beziehungen schlagen können. Der effektive Einsatz von Small Talk erleichtert den Einstieg in Gespräche, besonders in neuen oder unvertrauten sozialen Situationen. Er dient als Mittel, um eine gemeinsame Basis zu finden, das Eis zu brechen und eine angenehme Gesprächsatmosphäre zu schaffen.

Die Kunst des Small Talks besteht darin, leichte und allgemein interessierende Themen anzusprechen, wie Wetter, gemeinsame Interessen oder aktuelle Ereignisse, ohne dabei zu persönlich oder aufdringlich zu werden. Diese Art von Gespräch erfordert ein Gleichgewicht zwischen dem Sprechen über sich selbst und dem Zeigen von Interesse an der anderen Person. Aktives Zuhören und aufmerksame Nachfragen sind hierbei ebenso wichtig wie das Teilen eigener Gedanken und Erfahrungen.

In der weiteren Entwicklung des Gesprächs können Techniken der Gesprächsführung angewandt werden, um das Gespräch in eine tiefere, bedeutungsvollere Richtung zu lenken. Dies kann durch offene Fragen geschehen, die den Gesprächspartner dazu einladen, mehr über sich selbst zu erzählen, oder durch das Teilen eigener Geschichten und Erfahrungen, die das Gespräch bereichern.

In beruflichen Kontexten ist eine effektive Gesprächsführung besonders wichtig. Sie ermöglicht es, Meetings, Verhandlungen oder Netzwerkveranstaltungen produktiv und zielgerichtet zu gestalten. Hierbei geht es darum, das Gespräch so zu steuern, dass alle

Beteiligten die Möglichkeit haben, sich einzubringen, und dass die zentralen Themen effizient behandelt werden.

Die Beherrschung von Small Talk und Gesprächsführung eröffnet viele Türen – sie erleichtert den Aufbau von Beziehungen, verbessert die Teamdynamik und fördert den beruflichen Erfolg. Praktische Übungen und bewusste Anwendung dieser Fähigkeiten in verschiedenen Situationen können dabei helfen, Sicherheit und Kompetenz in der Kommunikation zu entwickeln.

Techniken für erfolgreichen Small Talk

<u>Themenwahl</u>: Die Auswahl geeigneter Themen ist entscheidend für erfolgreichen Small Talk. Beliebte Themen sind das Wetter, allgemeine Interessen, aktuelle Ereignisse oder gemeinsame Erfahrungen. Es ist ratsam, kontroverse Themen wie Politik oder Religion zu vermeiden, besonders wenn man sein Gegenüber noch nicht gut kennt.

<u>Aktives Zuhören</u>: Ein wichtiger Aspekt des Small Talks ist das aktive Zuhören. Dies zeigt Ihrem Gegenüber, dass Sie an dem, was er oder sie sagt, interessiert sind. Durch Nicken, Augenkontakt und verbale Zustimmungen können Sie Ihr Interesse bekunden.

<u>Offene Fragen stellen</u>: Offene Fragen, die mit „Wie", „Was" oder „Warum" beginnen, regen zu längeren Antworten an und halten das Gespräch am Laufen.

<u>Körpersprache</u>: Ihre Körpersprache sollte Offenheit und Interesse signalisieren. Eine zugewandte Körperhaltung, Blickkontakt und ein freundliches Lächeln schaffen eine positive Atmosphäre.

<u>Gemeinsame Situation nutzen</u>: Kommentieren Sie zum Beispiel das Ambiente bei einem Event, das Essen bei einer Feier oder die Umgebung, wenn Sie im Freien sind.

<u>Komplimente machen</u>: Ein ehrliches Kompliment kann eine positive Grundlage für ein Gespräch schaffen. Es kann sich auf die Kleidung, ein Accessoire oder sogar auf einen kürzlich erzielten Erfolg der Person beziehen.

<u>Allgemeine Themen ansprechen</u>: Sicherheit bieten Themen wie das Wetter, Pläne für das Wochenende oder aktuelle Ereignisse.
Diese Themen sind in der Regel neutral und bieten viele Anknüpfungspunkte für weitere Gespräche.

Grundlagen der Gesprächseröffnung

Ein gelungener Gesprächseinstieg ist oft der erste Schritt zu einer angenehmen und bereichernden Unterhaltung. Ein guter Gesprächsanfang hängt oft von der Situation, dem Umfeld und den beteiligten Personen ab. Einige universelle Prinzipien sind jedoch fast immer anwendbar:

Offenheit und Freundlichkeit: Ein lächelndes Gesicht und eine offene Haltung signalisieren Zugänglichkeit.

Beobachtung: Nutzen Sie Ihre Umgebung oder aktuelle Geschehnisse als Aufhänger für das Gespräch.

Vermeidung von Kontroversen: Beginnen Sie das Gespräch nicht mit heiklen oder polarisierenden Themen.

Beispiele für Gesprächseröffnungen

1. <u>Bei einem Networking-Event</u>: "Das scheint eine sehr interessante Veranstaltung zu sein. Was hat Sie besonders hierher gezogen?"

2. <u>In der Kaffeepause</u>: "Ich habe Ihren Vortrag wirklich genossen. Wie sind Sie zu diesem Thema gekommen?"

3. <u>Bei einer zufälligen Begegnung</u>: "Das ist ein tolles Buch, das Sie da lesen. Würden Sie es empfehlen?"

Do's and Don'ts

Do's

- Seien Sie aufmerksam und zeigen Sie Interesse.

- Hören Sie aktiv zu und nicken Sie, um Verständnis zu signalisieren.

Don'ts

- Vermeiden Sie es, sofort von sich selbst zu sprechen.

- Stellen Sie keine zu persönlichen Fragen, die Ihr Gegenüber in Verlegenheit bringen könnten.

Small Talk in der digitalen Welt

In der heutigen vernetzten Welt findet ein großer Teil unserer Kommunikation online statt. Digitaler Small Talk unterscheidet sich in einigen Aspekten von persönlichen Gesprächen:

1. **Kürze und Klarheit:** Online-Kommunikation erfordert oft prägnantere und klarere Botschaften.

2. **Tonalität:** Ohne nonverbale Hinweise ist es wichtig, den Ton Ihrer Nachrichten sorgfältig zu wählen, um Missverständnisse zu vermeiden.

3. **Anpassung an das Medium:** Die Art des Small Talks kann sich je nach Plattform unterscheiden (z.B. LinkedIn vs. Facebook).

Tipps für Online-Small Talk

1. **Persönliche, aber professionelle Ansprache**: Beginnen Sie E-Mails oder Nachrichten mit einer freundlichen, aber angemessenen Begrüßung.

2. **Interessen teilen**: Kommentieren Sie Beiträge oder Nachrichten, die Ihren Interessen entsprechen, um Gespräche zu beginnen.

3. **Emojis und Akzente**: Nutzen Sie Emojis angemessen, um Emotionen auszudrücken, aber übertreiben Sie es nicht.

Beispiele für digitalen Small Talk

1. <u>In einer E-Mail</u>: "Ich hoffe, diese Nachricht findet Sie wohl. Ich habe kürzlich Ihren Artikel über XYZ gelesen und fand Ihre Einsichten sehr interessant."

2. <u>Auf LinkedIn</u>: "Herzlichen Glückwunsch zu Ihrem kürzlichen beruflichen Erfolg. Ich bin beeindruckt von Ihrer Karriereentwicklung."

3. <u>In einem Online-Forum</u>: "Ich stimme Ihrem Kommentar zu Thema XYZ voll und ganz zu. Haben Sie vielleicht noch weitere Leseempfehlungen dazu?"

Do's and Don'ts

Do's

- Seien Sie authentisch und zeigen Sie echtes Interesse.

- Bleiben Sie positiv und konstruktiv in Ihren Kommentaren und Nachrichten.

Don'ts

- Vermeiden Sie kontroverse Themen in öffentlichen Foren.

- Überschreiten Sie keine persönlichen Grenzen in direkten Nachrichten.

Kapitel 8
Meistern Sie die Kommunikation durch aktives Hören

Die Rolle des Zuhörens in der Kommunikation ist von zentraler Bedeutung und oft unterschätzt. Effektives Zuhören geht über die passive Aufnahme von Worten hinaus; es ist ein aktiver Prozess, der wesentlich zur Qualität und Effektivität der Kommunikation beiträgt.

Aktives Zuhören ist nicht nur für das Verständnis in der Kommunikation wichtig, sondern auch für den Aufbau von Vertrauen und Beziehungen. Es signalisiert Respekt und Wertschätzung gegenüber dem Sprecher und schafft eine Atmosphäre, in der offene und ehrliche Kommunikation gedeihen kann.

Schlüsseltechniken des aktiven Zuhörens

1. Vollständige Aufmerksamkeit: Vermeiden Sie Ablenkungen und zeigen Sie durch Ihre Körpersprache, dass Sie zuhören (Blickkontakt, Nicken).

2. Paraphrasieren: Wiederholen Sie in eigenen Worten, was der Sprecher gesagt hat, um zu zeigen, dass Sie es verstanden haben.

3. Empathisches Reagieren: Zeigen Sie Empathie und Verständnis für die Gefühle des Sprechers. Dies kann durch verbale Bestätigungen oder empathische Bemerkungen geschehen.

4. Offene Fragen stellen: Stellen Sie offene Fragen, um den Sprecher zu ermutigen, mehr zu erzählen und tiefer in das Thema einzusteigen.

5. <u>Zurückhaltung mit eigenen Meinungen</u>: Vermeiden Sie es, das Gespräch zu früh mit Ihren eigenen Meinungen oder Lösungen zu dominieren.

6. <u>Feedback geben</u>: Geben Sie konstruktives Feedback, das zeigt, dass Sie aktiv zugehört und das Gesagte verstanden haben.

Übungen zum aktiven Zuhören: Praktische Strategien zur Verbesserung der Zuhörfähigkeiten.

Übungen zum aktiven Zuhören sind entscheidend, um diese grundlegende Kommunikationsfähigkeit zu entwickeln und zu stärken.

Hier sind einige praktische Strategien und Übungen, die darauf abzielen, die Zuhörfähigkeiten zu verbessern:

1. Paraphrasieren-Übung

Hören Sie einem Gesprächspartner aufmerksam zu und wiederholen Sie anschließend die Kernaussagen in Ihren eigenen Worten. Fragen Sie nach, ob Sie den Inhalt korrekt wiedergegeben haben.

2. Feedback-Übung

Nach einem Gespräch geben Sie Feedback darüber, wie Sie die Aussagen verstanden haben und wie sie auf Sie gewirkt haben. Dies hilft, Ihr Verständnis und Ihre Empathie zu verbessern.

3. Nonverbale Kommunikation beobachten

- <u>Übungsziel</u>: Verbesserung der Fähigkeit, nonverbale Hinweise zu erkennen und zu interpretieren.

- <u>Durchführung</u>: Beobachten Sie während des Zuhörens bewusst die Körpersprache und Mimik Ihres Gegenübers. Versuchen Sie, diese nonverbalen Signale in das Gesamtverständnis der Kommunikation einzubeziehen.

4. Aktive Zuhör-Rollenspiele

Führen Sie Rollenspiele durch, in denen eine Person spricht und die andere aktiv zuhört. Besprechen Sie nach dem Rollenspiel, wie effektiv das Zuhören war und was verbessert werden könnte.

5. Frage-Technik üben

Üben Sie, während eines Gesprächs gezielte Fragen zu stellen, die den Sprecher ermutigen, mehr Informationen zu geben und tiefer in das Thema einzusteigen.

7. Gedankenstopptechnik

Üben Sie, Ihre eigenen Gedanken bewusst zu stoppen, wenn Sie merken, dass Ihre Aufmerksamkeit während eines Gesprächs abschweift.

8. Spiegelübung

Spiegeln Sie in einem Gespräch die Körpersprache, Mimik und Gestik Ihres Gesprächspartners subtil. Dies erhöht die Verbundenheit und das Verständnis im Gespräch.

9. Zuhören ohne Unterbrechung

Setzen Sie sich das Ziel, in einem Gespräch nicht zu unterbrechen, auch wenn Sie den Drang verspüren, sofort zu reagieren. Warten Sie stattdessen, bis der Sprecher fertig ist, bevor Sie antworten.

10. Zusammenfassungsübung

Fassen Sie am Ende eines Gesprächs die wesentlichen Punkte zusammen und bitten Sie um Bestätigung, ob Sie alles richtig verstanden haben.

Kapitel 9
Persuasive Kommunikation

Persuasive Kommunikation, also überzeugende Kommunikation, ist eine Schlüsselkompetenz in vielen Bereichen – sei es in der Wirtschaft, in der Politik, im Bildungswesen oder im persönlichen Alltag. Ziel ist es, den Gesprächspartner nicht nur zu informieren, sondern auch zu überzeugen und zum Handeln zu motivieren.

Hier sind einige wesentliche Aspekte der persuasiven Kommunikation:

1. <u>Klarheit der Botschaft</u>: Die zu vermittelnde Botschaft sollte klar, prägnant und leicht verständlich sein. Komplexe Ideen sollten vereinfacht und auf den Kern reduziert werden.

2. <u>Kenntnis des Publikums</u>: Verstehen Sie Ihre Zielgruppe. Anpassung der Botschaft an die Bedürfnisse, Interessen und den Wissensstand des Publikums ist entscheidend für die Wirksamkeit der Kommunikation.

3. <u>Glaubwürdigkeit</u>: Der Sprecher sollte Vertrauenswürdigkeit und Kompetenz ausstrahlen. Glaubwürdigkeit kann durch den Bezug auf Fakten, Statistiken und Expertenmeinungen gestärkt werden.

4. <u>Emotionale Appelle</u>: Emotionen sind ein mächtiges Werkzeug in der persuasiven Kommunikation. Geschichten, Metaphern und emotionale Appelle können die Botschaft verstärken und das Publikum auf einer persönlicheren Ebene ansprechen.

5. <u>Logische Argumentation</u>: Überzeugende Kommunikation beruht auf logischen und gut strukturierten Argumenten. Eine klare Argumentationskette hilft, die Zuhörer Schritt für Schritt zu überzeugen.

Techniken und Strategien

1. <u>Storytelling</u>

Storytelling ist eine der wirkungsvollsten Techniken in der persuasiven Kommunikation. Geschichten können komplexe Informationen vereinfachen und emotionalisieren. Sie erlauben es dem Publikum, sich mit dem Thema auf einer persönlicheren Ebene zu identifizieren und fördern so das Verständnis und die Erinnerung.

Beispiel: Ein Umweltaktivist könnte eine persönliche Geschichte über eine Begegnung mit den Auswirkungen der Klimakrise erzählen, um die Dringlichkeit des Umweltschutzes zu vermitteln.

Dies könnte eine emotionale Reaktion im Publikum hervorrufen und sie motivieren, umweltfreundlichere Entscheidungen zu treffen. (Durch das Erzählen einer persönlichen Geschichte wird die abstrakte Idee des Klimawandels konkret und greifbar gemacht. Das Publikum kann sich leichter mit den Erlebnissen des Aktivisten identifizieren, was die Botschaft wirkungsvoller macht).

Tipps, um die Geschichte überzeugender zu gestalten:

Persönliche Verbindung: Der Aktivist könnte von einem Besuch in einer Region berichten, die stark vom Klimawandel betroffen ist. Vielleicht spricht er über das Schmelzen von Gletschern, das er persönlich beobachtet hat, oder über Begegnungen mit Menschen, deren Lebensgrundlage durch klimatische Veränderungen bedroht ist.

Emotionale Elemente: Durch das Einbringen emotionaler Elemente, wie die Schilderung der Angst oder Verzweiflung der betroffenen Menschen, wird das Publikum emotional berührt. Dies kann ein stärkeres Bewusstsein für die Dringlichkeit des Problems schaffen.

Visualisierung: Der Aktivist könnte Fotos oder Videos verwenden, um seine Erzählung zu untermauern und dem Publikum eine visuelle Vorstellung von den Auswirkungen des Klimawandels zu geben.

Aufruf zum Handeln: Zum Abschluss seiner Geschichte könnte der Aktivist konkrete Maßnahmen vorschlagen, die jeder Einzelne ergreifen kann, um zum Umweltschutz beizutragen. Dies könnte das Publikum dazu motivieren, selbst aktiv zu werden.

2. Reziprozität

Menschen fühlen sich oft verpflichtet, eine Wohltat oder einen Gefallen zu erwidern.

Wenn Sie Ihrem Publikum etwas von Wert bieten – sei es nützliche Informationen, eine hilfreiche Dienstleistung oder Aufmerksamkeit –, sind sie eher bereit, Ihnen zuzuhören und positiv auf Ihre Botschaft zu reagieren.

Beispiel: Ein Verkäufer bietet kostenlose Beratung oder Proben eines Produkts an. Kunden fühlen sich dadurch möglicherweise verpflichtet, im Gegenzug das Produkt zu kaufen oder sich zumindest ernsthaft damit auseinanderzusetzen.

Tipps, um die Geschichte überzeugender zu gestalten

Aufbau eines Vertrauensverhältnisses: Die kostenlose Beratung oder Probe stellt einen ersten Vertrauensbeweis des Verkäufers dar. Kunden erkennen, dass der Verkäufer bereit ist, in die Beziehung zu investieren, noch bevor ein Kauf getätigt wurde.

Wertschätzung und Anerkennung: Kunden fühlen sich wertgeschätzt und anerkannt, wenn sie etwas kostenlos erhalten. Dies kann die Kundenbeziehung stärken und die Wahrscheinlichkeit eines Kaufs erhöhen.

Praktische Erfahrung mit dem Produkt: Durch die Proben erhalten die Kunden die Möglichkeit, das Produkt unverbindlich auszuprobieren. Dies kann etwaige Zweifel ausräumen und die Überzeugung stärken, dass das Produkt ihren Bedürfnissen entspricht.

Positive Assoziationen: Die angenehme Erfahrung mit der kostenlosen Beratung oder den Proben kann positive Assoziationen mit dem Produkt und der Marke schaffen. Dies kann sich langfristig positiv auf die Kundenbindung auswirken.

Indem der Verkäufer das Prinzip der Reziprozität anwendet, schafft er eine Situation, in der Kunden sich nicht nur über das Produkt informieren, sondern auch eine emotionale Bindung zum Verkäufer und zum Produkt aufbauen. Dies kann die Entscheidung zum Kauf erheblich beeinflussen und ist ein effektives Mittel in der persuasiven Kommunikation.

3. Konsistenz

Konsistenzprinzip bezieht sich darauf, dass Menschen dazu neigen, konsistent mit ihren früheren Handlungen, Überzeugungen oder Aussagen zu bleiben.
Wenn Sie die bereits bestehenden Überzeugungen Ihres Publikums verstehen und ansprechen, können Sie Ihre Botschaft effektiver vermitteln.

Beispiel: Bei einer Spendenaktion für Bildung könnte der Redner daran erinnern, wie das Publikum in der Vergangenheit Bildungsinitiativen unterstützt hat, und darauf aufbauen, um weitere Unterstützung zu motivieren. Dieses Prinzip beruht auf der Tendenz von Menschen, konsistent mit ihren früheren Handlungen, Überzeugungen oder Zusagen zu bleiben.

Tipps, um die Geschichte überzeugender zu gestalten

Stärkung der Identifikation: Indem er aufzeigt, wie das Publikum bereits in der Vergangenheit geholfen hat, fördert der Redner eine Identifikation mit der Sache. Dies stärkt das Engagement und die Bereitschaft, erneut zu helfen.

Erzeugung von Konsistenzdruck: Durch das Hervorheben vergangener Unterstützungen appelliert der Redner an das Bedürfnis des Publikums, konsistent in ihren Handlungen zu sein. Menschen möchten als konsistent und verlässlich wahrgenommen werden, was sie motivieren kann, weiterhin zu unterstützen.

Schaffen eines Verantwortungsgefühls: Indem der Redner die bisherigen Erfolge durch die Unterstützung des Publikums betont, entsteht ein Gefühl der Verantwortung und des Stolzes, Teil etwas Größerem zu sein. Dies kann die Motivation, weiterhin zu unterstützen, verstärken.

Appell an gemeinsame Werte: Der Redner betont die gemeinsamen Werte und Ziele, wie die Bedeutung von Bildung, was das Publikum in ihrer Entscheidung, die Initiative erneut zu unterstützen, bestärken kann.

4. Sozialer Beweis

Menschen orientieren sich oft an dem Verhalten anderer, um zu entscheiden, was richtig und angemessen ist. Die Darstellung, dass eine Idee oder ein Produkt bereits von vielen anderen akzeptiert und genutzt wird, kann die Überzeugungskraft erhöhen.

Beispiel: Ein Unternehmen könnte Kundenbewertungen und -testimonials präsentieren, um zu zeigen, dass sein Produkt von vielen geschätzt wird, was neue Kunden überzeugen kann.

Dieser Ansatz basiert auf der menschlichen Neigung, das Verhalten und die Meinungen anderer als Richtschnur für das eigene Verhalten zu nehmen, besonders in Situationen der Unsicherheit.

Tipps, um die Geschichte überzeugender zu gestalten

Stärkung der Glaubwürdigkeit: Kundenbewertungen und Testimonials von realen Nutzern verleihen dem Produkt Authentizität und Glaubwürdigkeit. Potenzielle Kunden sehen, dass andere Personen das Produkt bereits erfolgreich genutzt haben.

Herstellung einer Verbindung: Testimonials können Geschichten oder spezifische Szenarien enthalten, mit denen sich potenzielle Kunden identifizieren können. Dies hilft, eine persönliche Verbindung zum Produkt herzustellen.

Reduzierung von Kaufunsicherheit: Indem gezeigt wird, dass viele andere das Produkt bereits positiv bewertet haben, können Zweifel und Unsicherheiten bei neuen Kunden verringert werden.

Darstellung des Produkts als beliebte Wahl: Die Präsentation einer großen Anzahl positiver Bewertungen signalisiert, dass das Produkt eine beliebte und bewährte Wahl ist. Dies kann den sogenannten "Bandwagon-Effekt" auslösen, bei dem Menschen dazu neigen, sich populären Meinungen oder Trends anzuschließen.

5. Autorität

Aussagen von Experten oder anerkannten Autoritäten in einem Fachgebiet haben eine hohe Überzeugungskraft. Menschen neigen dazu, Expertenmeinungen zu vertrauen und sich von ihnen leiten zu lassen.

Beispiel: Ein Arzt, der über Gesundheitsthemen spricht, wird wahrscheinlich mehr Überzeugungskraft haben als jemand ohne medizinischen Hintergrund, da das Publikum seine Expertise anerkennt. Die Wirksamkeit dieses Ansatzes beruht auf der Anerkennung und dem Vertrauen, das Menschen Fachleuten oder Autoritäten in einem bestimmten Bereich entgegenbringen.

Tipps, um die Geschichte überzeugender zu gestalten

Stärkung der Argumente: Wenn der Arzt wissenschaftliche Daten, Forschungsergebnisse oder Fallstudien in seine Ausführungen einbezieht, werden seine Argumente zusätzlich gestärkt, da sie auf fundierten Erkenntnissen basieren.

Vertrauensbildung: Die fachliche Autorität des Arztes kann dazu beitragen, ein Vertrauensverhältnis zum Publikum aufzubauen. Dies ist besonders wichtig in Themenbereichen, die sensibel oder komplex sind, wie die Gesundheitsfürsorge.

Reduzierung von Skepsis: Die Expertise des Arztes kann dazu beitragen, Skepsis oder Unsicherheit im Publikum zu reduzieren, besonders wenn es um kontroverse oder neue Gesundheitsthemen geht.

6. Knappheit

Das Prinzip der Knappheit basiert auf der Idee, dass Menschen dazu neigen, Dinge höher zu bewerten, die als selten oder begrenzt verfügbar wahrgenommen werden. Die Betonung der Knappheit kann das Interesse und den Wunsch nach einem Produkt oder einer Gelegenheit steigern.

Beispiel: Ein Verkaufsteam könnte eine begrenzte Verfügbarkeit eines Sonderangebots betonen, um Kunden zu schnellem Handeln zu motivieren. Dieses Prinzip basiert auf der menschlichen Tendenz, Dinge als wertvoller wahrzunehmen, wenn sie als selten oder schwer zu bekommen gelten.

Tipps, um die Geschichte überzeugender zu gestalten

Erzeugung von Dringlichkeit: Durch die Betonung, dass das Angebot nur für eine begrenzte Zeit oder in begrenzter Menge verfügbar ist, erzeugt das Verkaufsteam ein Gefühl der Dringlichkeit.

Kunden werden motiviert, schnell zu handeln, um die Gelegenheit nicht zu verpassen.

Vermeidung von Entscheidungsaufschub: Die Betonung der begrenzten Verfügbarkeit kann Kunden davon abhalten, ihre Kaufentscheidung aufzuschieben.

Die Angst, etwas zu verpassen (FOMO - Fear of Missing Out), kann ein starker Kaufanreiz sein.

Wettbewerbsgefühl erzeugen: Die Vorstellung, dass das Angebot nur begrenzt verfügbar ist, kann ein Gefühl des Wettbewerbs unter den Kunden hervorrufen. Dies kann den Wunsch verstärken, das Produkt zu erwerben, bevor es andere tun.

Klarheit in der Kommunikation: Das Verkaufsteam sollte klar und deutlich kommunizieren, wie lange das Angebot gilt und in welcher Menge das Produkt verfügbar ist. Dies hilft, Missverständnisse zu vermeiden und die Glaubwürdigkeit des Angebots zu erhöhen.

7. Sympathie

Sympathie entsteht, wenn das Publikum den Sprecher mag oder sich mit ihm identifizieren kann. Dies kann durch das Teilen persönlicher Geschichten, das Zeigen von Gemeinsamkeiten oder das Ausstrahlen von Freundlichkeit und Verständnis erreicht werden.

Beispiel: Ein Politiker teilt persönliche Geschichten aus seiner Kindheit in einer kleinen Stadt, um seine Verbindung zu ländlichen Wählern zu stärken.

8. Logische Argumentation

Eine überzeugende Argumentation basiert auf logischer, klarer und strukturierter Darstellung der Fakten. Eine schlüssige Argumentationskette hilft dem Publikum, den Gedankengängen zu folgen und die Schlussfolgerungen zu akzeptieren.

Beispiel: Ein Wissenschaftler präsentiert eine Reihe von gut recherchierten Fakten und Studien, um die Notwendigkeit von Klimaschutzmaßnahmen zu unterstreichen.

Tipps, um die Geschichte überzeugender zu gestalten

Präsentation solider Beweise: Der Wissenschaftler nutzt wissenschaftliche Daten und Ergebnisse aus Studien, um seine Argumente zu stützen. Diese evidenzbasierte Herangehensweise stärkt die Glaubwürdigkeit seiner Aussagen und erhöht die Überzeugungskraft.

Einbeziehung von Expertenmeinungen: Er könnte auch Zitate oder Meinungen anderer anerkannter Experten auf dem Gebiet des Klimawandels einbeziehen, um seine Argumente weiter zu untermauern.

9. Emotionale Appelle

Emotionale Appelle zielen darauf ab, das Gefühl des Publikums anzusprechen und eine emotionale Reaktion zu erzeugen.

Dies kann durch emotionale Sprache, bewegende Bilder oder das Ansprechen von Werten und Überzeugungen erfolgen.

Beispiel: Eine Werbekampagne für Tierschutz verwendet emotionale Bilder und Geschichten, um das Mitgefühl der Zuschauer für Tiere zu wecken.

Tipps, um die Geschichte überzeugender zu gestalten

Einsatz emotionaler Bilder: Die Kampagne könnte Bilder von Tieren in Not zeigen, um unmittelbare emotionale Reaktionen wie Mitleid oder Besorgnis zu erzeugen. Visuelle Eindrücke bleiben oft länger im Gedächtnis und können starke emotionale Reaktionen hervorrufen.

Erzählen bewegender Geschichten: Durch das Erzählen von Geschichten über einzelne Tiere und ihre Erfahrungen können die Zuschauer eine persönliche Verbindung zu den Tieren aufbauen. Dies kann dazu beitragen, ein tiefes Verständnis und Mitgefühl für ihre Situation zu schaffen.

Appell an gemeinsame Werte: Die Kampagne kann auch an allgemeine menschliche Werte wie Mitgefühl, Gerechtigkeit und die Verantwortung für andere Lebewesen appellieren. Dies stärkt das moralische Engagement der Zuschauer für den Tierschutz.

Einbeziehung von Testimonials: Testimonials von Tierpflegern, Rettungsteams oder Personen, die Tiere gerettet haben, können die emotionalen Geschichten ergänzen und die Glaubwürdigkeit der Kampagne erhöhen.

Aufruf zum Handeln: Die emotionale Botschaft wird oft mit einem klaren Aufruf zum Handeln kombiniert, sei es durch Spenden, Unterzeichnen einer Petition oder freiwillige Mitarbeit, um die Zuschauer zu motivieren, nach ihren Gefühlen zu handeln.

10. Wiederholung

Durch die Wiederholung wichtiger Punkte oder Botschaften wird sichergestellt, dass sie vom Publikum erinnert und verinnerlicht werden. Wiederholung kann dazu beitragen, dass eine Botschaft haften bleibt und im Gedächtnis verankert wird.

Beispiel: Ein Redner wiederholt den Slogan einer Kampagne mehrmals während seiner Rede, um sicherzustellen, dass er bei den Zuhörern im Gedächtnis bleibt.

Tipps, um die Geschichte überzeugender zu gestalten

Erzeugung von Bekanntheit und Vertrautheit: Je häufiger das Publikum den Slogan hört, desto vertrauter und erkennbarer wird er.

Dies kann dazu beitragen, dass die Kampagne und ihre Botschaft leichter wiedererkannt werden.

Aufbau einer Assoziation: Wiederholte Exposition gegenüber dem Slogan kann dazu führen, dass das Publikum automatisch die zugehörigen Ideen und Werte mit der Kampagne verbindet, sobald sie den Slogan hören.

Förderung der Erinnerungsfähigkeit: Wiederholung verbessert die Gedächtnisleistung. Ein Slogan, der mehrmals wiederholt wird, bleibt wahrscheinlich länger im Gedächtnis der Zuhörer als Informationen, die nur einmal genannt werden.

Schaffen einer rhythmischen und eingängigen Aussage: Ein gut konstruierter Slogan kann durch seine Rhythmik und Eingängigkeit die Wiederholungseffekte verstärken und somit noch prägnanter im Gedächtnis bleiben.

Indem der Redner den Slogan der Kampagne wiederholt, nutzt er eine grundlegende Technik der Gedächtnispsychologie, um die Botschaft zu verstärken und ihre Präsenz im Bewusstsein des Publikums zu erhöhen. Diese Technik ist besonders nützlich in der persuasiven Kommunikation, da sie dazu beiträgt, dass die Hauptbotschaften einer Rede oder Kampagne nicht nur gehört, sondern auch erinnert und wiedererkannt werden.

Kapitel 10
Spiegelung in der persuasiven Kommunikation

Spiegelung, oft auch als "Mirroring" bezeichnet, ist eine Kommunikationstechnik, bei der eine Person bewusst Elemente des Verhaltens, der Sprache oder der Körpersprache ihres Gegenübers imitiert.

Diese Technik basiert auf der Prämisse, dass Menschen sich zu anderen hingezogen fühlen, die ihnen ähnlich sind oder die ähnliche Verhaltensweisen zeigen. Spiegelung wird in verschiedenen Kontexten eingesetzt, um Rapport, also eine positive und vertrauensvolle Beziehung, zu schaffen und die Kommunikation zu erleichtern.

Anwendungen der Spiegelung

Soziale Interaktionen: In alltäglichen Gesprächen kann die Spiegelung dazu beitragen, eine entspannte und vertraute Atmosphäre zu schaffen. Indem Sie zum Beispiel Ihre Körperhaltung oder Ihre Gestik leicht an die Ihres Gesprächspartners anpassen, können Sie eine subtile Verbundenheit herstellen.

Berufliche Kommunikation: Im Berufsumfeld, insbesondere im Vertrieb oder Kundenservice, kann die Spiegelung verwendet werden, um eine stärkere Verbindung zum Kunden aufzubauen und Vertrauen zu fördern. Dies kann die Überzeugungskraft erhöhen und zu erfolgreicheren Geschäftsabschlüssen führen.

Verhandlungen: In Verhandlungssituationen kann die Spiegelung helfen, Spannungen zu verringern und eine gemeinsame Grundlage zu schaffen. Dies kann zu einer offeneren und produktiveren Kommunikation führen.

Therapeutische Settings: In der Psychotherapie oder Beratung kann die Spiegelung dazu beitragen, Empathie und Verständnis zu zeigen, was für den Aufbau einer therapeutischen Beziehung entscheidend ist.

Wie funktioniert Spiegeln?

1. Anpassung an verbale Muster: Dies kann die Anpassung an die Sprechgeschwindigkeit, den Tonfall oder die Verwendung spezifischer Schlüsselwörter umfassen.

Wenn Ihr Gesprächspartner beispielsweise eine ruhige und bedächtige Art zu sprechen hat, könnten Sie ebenfalls Ihren Sprechstil entschleunigen. Um das Prinzip der Anpassung an verbale Muster durch Spiegelung zu vertiefen, betrachten wir ein konkretes Beispiel:

Geschäftstreffen zur Projektbesprechung

Sie sind Projektmanager und haben ein Meeting mit einem wichtigen Kunden, der für seine bedächtige und überlegte Art bekannt ist. Er spricht in einem ruhigen, bedachten Ton und nutzt Fachjargon.

Anwendung der Spiegelungstechnik

1. Beobachtung und Analyse

- Zunächst hören Sie aufmerksam zu, um den Sprechstil, Tonfall und die Wortwahl des Kunden zu verstehen. Sie bemerken, dass er langsam und mit Pausen spricht, um seine Punkte zu unterstreichen.

2. Anpassung Ihres Sprechstils

- *Geschwindigkeit*: Sie passen Ihre Sprechgeschwindigkeit an die des Kunden an. Anstatt schnell und direkt zu sprechen, verlangsamen Sie bewusst Ihr Sprechtempo.

- *Tonfall*: Sie nutzen einen ähnlichen Tonfall, der ruhig und überlegt ist. Dies zeigt, dass Sie auf einer Wellenlänge mit dem Kunden kommunizieren.

- *Pausen*: Sie verwenden ebenfalls Pausen in Ihrer Rede, um wichtige Punkte hervorzuheben und dem Kunden Zeit zum Nachdenken und Antworten zu geben.

3. <u>Verwendung ähnlicher Sprache</u>

- Wenn der Kunde Fachbegriffe oder branchenspezifischen Jargon verwendet, integrieren Sie diese Begriffe angemessen in Ihre Antworten und Erläuterungen.

Dies zeigt, dass Sie seine Sprache sprechen und seine Perspektive verstehen.

4. <u>Reflektieren des Gesprächsinhalts</u>

Bei der Erörterung von Projektdetails wiederholen oder paraphrasieren Sie gelegentlich die Aussagen des Kunden, um Verständnis und Aufmerksamkeit zu signalisieren.

Durch die Anpassung an die verbalen Muster des Kunden schaffen Sie eine angenehme Gesprächsatmosphäre. Der Kunde fühlt sich verstanden und wertgeschätzt, da seine Kommunikationsweise respektiert wird.

Dies fördert das Vertrauen und kann zu einer effektiveren und kooperativeren Geschäftsbeziehung führen.

2. <u>Reflektieren der Körpersprache</u> Dies beinhaltet die subtile Nachahmung von Gesten, Haltungen oder Mimik. Wenn Ihr Gegenüber zum Beispiel während des Gesprächs oft nickt, könnten Sie ebenfalls Nicken verwenden, um Zustimmung oder Verständnis zu signalisieren. Hier ist ein detailliertes Beispiel, wie diese Technik in einer realen Situation angewendet werden kann:

Geschäftsverhandlung

Sie befinden sich in einer Verhandlung mit einem potenziellen Geschäftspartner. Während des Gesprächs beobachten Sie, dass Ihr Gegenüber bestimmte Gesten und Körperhaltungen zeigt.

1. Beobachtung der Körpersprache

- Ihr Gegenüber lehnt sich häufig vor, um Interesse oder wichtige Punkte zu betonen, und nickt oft, um Zustimmung oder Verständnis zu signalisieren.

2. Subtile Nachahmung

- *Vorlehnen*: In Momenten, in denen wichtige Punkte besprochen werden, lehnen Sie sich ebenfalls leicht vor. Dies zeigt, dass Sie engagiert sind und den Ausführungen Aufmerksamkeit schenken.

- *Nicken*: Sie nicken gelegentlich, wenn Ihr Gegenüber spricht, um zu zeigen, dass Sie seinen Ausführungen folgen und sie verstehen.

3. Berücksichtigung der Natürlichkeit

- Das Spiegeln sollte natürlich und diskret erfolgen. Es geht nicht darum, jede Geste exakt zu kopieren, sondern vielmehr darum, eine ähnliche Haltung und Energie zu reflektieren.

4. Beachtung nonverbaler Signale

- Neben dem Vorlehnen und Nicken achten Sie auf weitere nonverbale Signale wie Augenkontakt, Gestik und Mimik, um ein umfassendes Verständnis der nonverbalen Kommunikation Ihres Gegenübers zu entwickeln. Durch das Spiegeln der Körpersprache Ihres Geschäftspartners schaffen Sie eine unbewusste Ebene der Verbindung. Ihr Gegenüber fühlt sich verstanden und wertgeschätzt, was das Vertrauensverhältnis und die Wahrscheinlichkeit eines erfolgreichen Abschlusses der Verhandlung erhöhen kann.

5. <u>Emotionales Spiegeln</u>

Hierbei geht es darum, die emotionale Tonlage des Gegenübers zu erkennen und in einem gewissen Rahmen widerzuspiegeln. Dies zeigt Empathie und Verständnis für die Gefühlswelt des Gesprächspartners.

Ein detailliertes Beispiel für Spiegelung

Stellen Sie sich vor, Sie sind ein Verkaufsberater in einem Elektronikgeschäft. Ein Kunde betritt das Geschäft und scheint interessiert, aber etwas unsicher bezüglich des Kaufs eines neuen Laptops.
Hier ist ein detailliertes Beispiel dafür, wie Sie Spiegelung in dieser Situation anwenden könnten, um eine Verbindung zum Kunden aufzubauen und ihn von einem Kauf zu überzeugen:

Phase 1: Beobachtung und Anpassung

1. <u>Sprachmuster und Tonfall</u>: Der Kunde spricht in einem ruhigen, nachdenklichen Ton und verwendet technische Begriffe, um seine Bedürfnisse zu beschreiben. Als Verkaufsberater passen Sie Ihren eigenen Sprechstil entsprechend an: Sie sprechen ebenfalls ruhig und verwenden ähnliche technische Begriffe.

2. <u>Körpersprache</u>: Sie bemerken, dass der Kunde beim Betrachten der Laptops häufig den Kopf neigt und genaue Betrachtungen anstellt. Sie ahmen diese Bewegung subtil nach, indem Sie ebenfalls den Kopf neigen, wenn Sie ihm verschiedene Modelle zeigen.

Phase 2: Emotionales Spiegeln

1. <u>Erkennen der Gefühlslage</u>: Der Kunde zeigt Besorgnis darüber, dass der Laptop vielleicht nicht alle seine Bedürfnisse erfüllt. Sie erkennen diese Sorge und spiegeln sie wider, indem Sie Verständnis

ausdrücken: „Ich verstehe, dass es wichtig ist, dass der Laptop alle Ihre Anforderungen erfüllt."

2. <u>Einfühlungsvermögen zeigen</u>: Sie bauen auf dieser emotionalen Spiegelung auf, indem Sie eine persönliche Erfahrung teilen, die zeigt, dass Sie ähnliche Bedenken hatten: „Als ich meinen letzten Laptop auswählte, hatte ich ähnliche Überlegungen."

Phase 3: Verstärkung der Verbindung

1. <u>Bestätigung geben</u>: Sie bestätigen die Bedenken des Kunden und zeigen, dass Sie aufmerksam zugehört haben: „Sie brauchen also einen Laptop, der leistungsstark genug für Ihre Design-Arbeiten ist, aber auch mobil genug für Reisen, richtig?"

2. <u>Lösungen anbieten</u>: Basierend auf dem, was Sie gespiegelt und bestätigt haben, bieten Sie gezielte Lösungen an: „Basierend auf dem, was Sie mir erzählt haben, denke ich, dass Modell X ideal für Sie wäre, da es …".

Phase 4: Abschluss

1. <u>Gemeinsame Entscheidung</u>: Sie leiten den Kunden zu einer Entscheidung, die auf der durch Spiegelung geschaffenen Vertrauensbasis beruht: „Möchten Sie Modell X genauer betrachten? Ich denke, es erfüllt alle Ihre Anforderungen."

2. <u>Bestätigung der Entscheidung</u>: Nachdem der Kunde sich für den Laptop entschieden hat, bestärken Sie seine Wahl: „Das ist eine ausgezeichnete Wahl. Dieser Laptop ist sehr beliebt für genau diese Art von Einsatz." In diesem Beispiel hilft das Spiegeln dabei, eine Beziehung zum Kunden aufzubauen, indem es Verständnis und Vertrauen schafft. Es ermöglicht Ihnen, effektiver auf die Bedürfnisse und Sorgen des Kunden einzugehen und ihn letztendlich von einem Kauf zu überzeugen.

Kapitel 11
Erweiterte Wortschatzerweiterung

In der Welt des stetigen Wandels und der globalen Vernetzung ist es entscheidend, nicht nur einen Grundwortschatz zu beherrschen, sondern auch in der Lage zu sein, den eigenen Wortschatz kontinuierlich zu erweitern und zu vertiefen.

Ein erweiterter Wortschatz ermöglicht es uns, präziser, ausdrucksvoller und nuancierter zu kommunizieren. In beruflichen Kontexten kann er dazu beitragen, Fachkompetenz und Professionalität zu demonstrieren, während er im privaten Bereich hilft, Gedanken und Gefühle differenzierter auszudrücken. Besonders in einer Zeit, in der Sprache durch soziale Medien, internationale Einflüsse und kulturellen Austausch ständig im Fluss ist, wird die Fähigkeit, mit neuen Wörtern umzugehen und sie in den eigenen Sprachschatz zu integrieren, immer wertvoller.

Die Erweiterung des Wortschatzes erfordert eine Kombination aus bewusstem Lernen und praktischer Anwendung. Es geht darum, sich neuen sprachlichen Materialien wie Fachliteratur, Zeitungsartikeln oder Podcasts zu widmen und gleichzeitig die neuen Begriffe aktiv in die eigene Sprache einzubauen. Ein wichtiger Aspekt dabei ist die kontinuierliche Auseinandersetzung mit der Sprache in verschiedenen Kontexten – vom Lesen über das Schreiben bis hin zum Sprechen. Hier sind einige effektive Strategien, die Ihnen dabei helfen können, Ihre Kommunikationsfähigkeiten langfristig zu verbessern:

- **Regelmäßige Weiterbildung**: Investieren Sie in Kurse, Workshops oder Online-Programme, um sowohl Ihren Wortschatz als auch Ihre allgemeinen Kommunikationsfähigkeiten zu verbessern.

- **Lesen und Forschen:** Bleiben Sie neugierig und informiert über Kommunikationstrends und -techniken. Lesen Sie Fachbücher oder Artikel, die sich mit effektiver Kommunikation befassen.

- **Alltägliche Übung:** Nutzen Sie jede Gelegenheit im Alltag, um Ihre Kommunikationsfähigkeiten zu üben, sei es in Gesprächen mit Familie und Freunden oder bei der Arbeit.

- **Feedback einholen:** Bitten Sie vertrauenswürdige Personen um ehrliches Feedback zu Ihrer Kommunikationsweise. Konstruktive Kritik ist entscheidend für das Wachstum und die Verbesserung.

- **Tagebuchführung:** Führen Sie ein Tagebuch, in dem Sie bedeutende Gespräche und ihre Auswirkungen reflektieren. Dies kann dabei helfen, Muster in Ihrer Kommunikation zu erkennen und Bereiche für Verbesserungen zu identifizieren.

- **Ziele setzen:** Setzen Sie sich spezifische Ziele für Ihre Kommunikationsfähigkeiten und überprüfen Sie regelmäßig Ihren Fortschritt.

- **Teilnahme an Netzwerkveranstaltungen:** Erweitern Sie Ihr Netzwerk, indem Sie an verschiedenen Veranstaltungen teilnehmen. Dies bietet Ihnen die Möglichkeit, Ihre kommunikativen Fähigkeiten in verschiedenen Kontexten zu üben.

Ein Bereich der Wortschatzerweiterung ist das Eintauchen in spezifische Fachsprachen. Jedes Berufsfeld hat seinen eigenen Jargon, seine eigene Terminologie, die es zu meistern gilt. Diese Fachbegriffe ermöglichen eine präzise und sachgerechte Kommunikation innerhalb eines Fachgebiets. Dabei ist es wichtig, ein Gleichgewicht zu finden, um Fachbegriffe korrekt und angemessen zu verwenden, ohne dabei unnötig komplex oder unverständlich zu wirken.

Schlussfolgerung

Die Fähigkeit, sich klar und wirkungsvoll auszudrücken, öffnet Türen zu neuen Möglichkeiten, bereichert persönliche und berufliche Beziehungen und verbessert das allgemeine Wohlbefinden.

Indem Sie Ihren Wortschatz und Ihre kommunikativen Fähigkeiten erweitern, öffnen Sie sich für neue Erfahrungen, verstehen besser die Welt um Sie herum und können Ihre eigenen Gedanken und Ideen effektiver teilen.

Jedes Gespräch, jede gelesene Seite und jedes geschriebene Wort ist eine Gelegenheit, sich zu verbessern. Die Sprache lebt und verändert sich mit Ihnen. Es geht darum, aktiv zu bleiben, neugierig zu sein und die eigenen Fähigkeiten immer wieder herauszufordern.

Die Entwicklung von Sprach- und Kommunikationsfähigkeiten ein lebenslanger, dynamischer Prozess ist. Sie beinhaltet Geduld, Engagement und die Bereitschaft, aus Fehlern zu lernen. Jeder Schritt, den Sie auf diesem Weg machen, trägt zu Ihrem persönlichen und beruflichen Wachstum bei. Wir hoffen, dass Sie die Wege der Sprache mit Neugier und Begeisterung weiter erforschen und sich stets daran erinnern, dass jeder Tag eine neue Möglichkeit bietet, zu lernen, zu wachsen und sich auszudrücken.

Anhang
Fortgeschrittene Sprachübungen

Schreib- und Sprechübungen

Übung: Verfassen von kurzen Artikeln zu aktuellen Themen

Wählen Sie eines der folgenden aktuellen Themen aus und schreiben Sie einen kurzen Meinungsartikel (ca. 250-300 Wörter). Versuchen Sie, Ihre Argumente klar und überzeugend zu formulieren und belegen Sie Ihre Meinung mit Fakten oder logischen Schlussfolgerungen.

Umweltschutz: Diskutieren Sie die Wichtigkeit von umweltfreundlichen Maßnahmen in der heutigen Gesellschaft.

Digitale Bildung: Argumentieren Sie, warum digitale Kompetenzen in der modernen Bildung unerlässlich sind.

Globale Gesundheitspolitik: Stellen Sie dar, wie wichtig internationale Zusammenarbeit im Bereich der Gesundheitsvorsorge ist.

Quiz: Analyse und Diskussion der Artikel in kleinen Gruppen

Lesen Sie die Artikel Ihrer Mitschreibenden und diskutieren Sie diese in kleinen Gruppen. Berücksichtigen Sie dabei folgende Aspekte:

1. Argumentationsstruktur: Ist die Argumentation des Artikels logisch aufgebaut und nachvollziehbar?

2. Überzeugungskraft: Wie überzeugend sind die Argumente und Beispiele?

3. Sprachliche Qualität: Wie gut ist der Artikel sprachlich formuliert? Wurde ein angemessener Wortschatz verwendet?

4. <u>Persönliche Meinung</u>: Stimmen Sie mit der Meinung des Autors überein? Warum oder warum nicht?

Übung: Rollenspiele zu verschiedenen Szenarien

Wählen Sie eines der folgenden Szenarien für ein Rollenspiel. Üben Sie das Szenario mit einem Partner oder in einer kleinen Gruppe.

1. <u>Debatte</u>: Wählen Sie ein kontroverses Thema (z.B. Klimawandel, Online-Privatsphäre) und führen Sie eine formelle Debatte, in der jede Seite ihre Argumente präsentiert und auf die der anderen Seite reagiert.

2. <u>Interview</u>: Einer von Ihnen ist ein Journalist, der andere eine bekannte Persönlichkeit (z.B. Wissenschaftler, Politiker, Künstler). Führen Sie ein Interview zu einem aktuellen Thema oder zu den Werken/Ansichten der Persönlichkeit.

3. <u>Berufliches Meeting</u>: Simulieren Sie ein geschäftliches Treffen, in dem ein neues Projekt vorgestellt, diskutiert und geplant wird.

Quiz: Bewertung der Sprachverwendung in aufgenommenen Konversationen

Nehmen Sie Ihre Rollenspiele auf und hören Sie sich die Aufnahmen anschließend an. Bewerten Sie die Sprachverwendung anhand der folgenden Kriterien:

1. <u>Flüssigkeit</u>: Wie flüssig und natürlich wirkte die Konversation?

2. <u>Wortschatz</u>: Wurde ein angemessener und vielfältiger Wortschatz verwendet?

3. <u>Aussprache und Intonation</u>: Wie korrekt und natürlich waren Aussprache und Intonation?

4. <u>Reaktion auf den Partner</u>: Wie gut wurde auf Aussagen des Gesprächspartners reagiert?

Übung: Kreatives Geschichtenschreiben

1. Thema wählen: Wählen Sie ein Thema, das Sie interessiert. Das kann alles sein, von einer Alltagssituation über historische Ereignisse bis hin zu einer futuristischen Vision.

2. Wortschatzliste erstellen: Schreiben Sie eine Liste von mindestens 15 Wörtern, die mit dem gewählten Thema zusammenhängen. Diese Liste sollte eine Mischung aus Ihnen bekannten Wörtern und Wörtern, die Sie neu lernen möchten, enthalten. Nutzen Sie Wörterbücher oder Online-Ressourcen, um interessante und herausfordernde Wörter zu finden.

3. Geschichte schreiben: Verfassen Sie eine kurze Geschichte (ca. 500 Wörter), die alle Wörter von Ihrer Liste verwendet. Versuchen Sie, die Wörter in einem Kontext zu verwenden, der deren Bedeutung klar macht.

4. Wortschatz reflektieren: Nachdem Sie die Geschichte geschrieben haben, gehen Sie die Liste noch einmal durch und überprüfen Sie, ob Sie die Bedeutung jedes Wortes richtig verstanden und angewendet haben.

5. Teilen und Diskutieren: Wenn möglich, teilen Sie Ihre Geschichte mit Freunden oder Familienmitgliedern und diskutieren Sie über die verwendeten Wörter. Dies kann zu interessanten Gesprächen führen und das Verständnis weiter vertiefen.

Übung: Wortassoziationen und Satzbau

Diese Übung zielt darauf ab, den Wortschatz durch Wortassoziationen zu erweitern und gleichzeitig die Fähigkeit zu verbessern, komplexe Sätze zu bilden.

1. <u>Ausgangswort wählen</u>: Wählen Sie ein zufälliges Ausgangswort. Dies kann ein einfaches Substantiv, Verb oder Adjektiv sein.

2. <u>Wortassoziationen bilden</u>: Erstellen Sie eine Liste von zehn Worten, die Sie mit dem Ausgangswort assoziieren. Diese sollten eine Mischung aus direkten Assoziationen und kreativeren, abstrakteren Verknüpfungen sein.

3. <u>Sätze bilden</u>: Verwenden Sie jedes Wort der Assoziationsliste, um einen Satz zu bilden, in dem das Ausgangswort oder ein Synonym/Antonym davon ebenfalls vorkommt.

4. <u>Komplexität erhöhen</u>: Versuchen Sie, die Sätze so zu gestalten, dass sie nicht nur die Wörter enthalten, sondern auch komplexe Strukturen wie Nebensätze, Konjunktivformen oder Passivkonstruktionen nutzen.

5. <u>Reflexion</u>: Überprüfen Sie Ihre Sätze. Sind die Wortassoziationen sinnvoll? Sind die Sätze grammatisch korrekt und logisch aufgebaut?

6. <u>Diskussion</u>: Wenn möglich, diskutieren Sie Ihre Sätze mit anderen. Dies kann helfen, verschiedene Interpretationen und Assoziationen zu erkennen und den eigenen Wortschatz weiter zu erweitern.

Ein besonderer Bonus nur für Sie!

Herzlichen Glückwunsch! Sie haben soeben ein außergewöhnliches Kapitel in Ihrer Sprachentwicklung abgeschlossen, indem Sie "Wortschatz erweitern XXL" gelesen haben.

Aber Ihre Reise in die Welt der Worte endet hier noch nicht!

Als Dankeschön für Ihre Begeisterung und Ihr Engagement bieten wir Ihnen ein **exklusives Geschenk**: das **kostenlose Hörbuch** zu " Wortschatz erweitern XXL". Dieses Hörbuch ist eine wertvolle Ergänzung zum Buch, es vertieft die Inhalte und bereichert Ihr Sprachverständnis auf eine lebendige und interaktive Weise

So erhalten Sie Ihr Bonus-Hörbuch:

1. Scannen Sie den unten stehenden **QR-Code** mit der Kamera Ihres Smartphones oder einer QR-Code-Lese-App.

2. Sie werden sofort zur **Download-Seite weitergeleitet.**

3. Folgen Sie den einfachen Anweisungen, um Ihr **Hörbuch herunterzuladen**.

Dieses Hörbuch ist Ihr idealer Begleiter, um Ihren Wortschatz täglich zu erweitern und die Freude an der Sprache zu vertiefen, ob beim Pendeln, beim Entspannen oder in einer ruhigen Stunde zu Hause.

Genießen Sie die Reise durch die Welt der Wörter und viel Spaß mit Ihrem Hörbuch!